MOHSEN CHARIFI

Die Kunst Beziehungen in den Sand zu setzen

WINDPFERD

1. Auflage 2017

© 2017 Windpferd Verlagsgesellschaft mbH, Oberstdorf

Umschlaggestaltung: Jennifer Jünemann | www.bitdifferent.de

Illustrationen: Olivér Svéd © 123rf.de · Napat Polchoke © 123rf.de

Boarini Pictures © turbosquid.com

Satz und Layout: Marx Grafik & ArtWork

Lektorat: Sarah Varga

Korrektorat: Sylvia Luetjohann

Gesetzt aus der Warnock

Druck und Bindung: C. H. Beck, Nördlingen

MIX
Papier aus verantwor-
tungsvollen Quellen
FSC® C019821

Printed in Germany

ISBN 978-3-86410-146-5

www.windpferd.de

INHALT

Liebe Bettina,
Dir verdanke ich die Kunst,
Beziehungen nicht in den Sand
zu setzen.

Und Dir, liebe Sarah,
danke ich für Deinen Beitrag,
diese Kunst poetisch
zu gestalten.

1.
Wer klopft denn da an meine Tür?

Ein Mann kam an die Tür seiner Geliebten und klopfte. Eine Stimme fragte: „Wer ist da?"

„Ich bin da!", war seine kraftvolle und entschlossene Antwort. Er wartete lange, aber die Tür blieb verschlossen. Er kehrte um und dachte ein langes Jahr nach, kam wieder und klopfte.

„Wer ist da?"

„Du bist da", antwortete er leise und zaghaft und wartete und wartete, doch die Tür blieb verschlossen.

Er kehrte um. Wieder zu Hause, sagte er sich: „Ich habe ein Jahr auf meine Gedanken gehört. Jetzt höre ich, was mein Herz mir zuflüstert." Das tat er auch ein Jahr lang, dann ging er wieder zu seiner Geliebten und klopfte.

Wieder fragte die Stimme: „Wer ist da?"

Er antwortete: „Wir sind da."

Und die Tür wurde geöffnet.[1]

Der Zauber dieser kurzen Geschichte liegt in ihrer Aussagekraft. Sie schaut durch die vielfältigen Facetten zwischenmenschlicher Beziehungen und reduziert sie auf zwei Fragen und zwei Antworten. Die eine Frage ist das Klopfen an der

Tür und die andere: „Wer ist da?" Und die Antworten sind die verschlossene oder die geöffnete Tür.

In diesen Fragen und Antworten spiegeln sich das Wesen und das Schicksal von Beziehungen wider. Derjenige, der klopft, ist ein Suchender. Er sucht ein Zuhause in und mit einem Menschen. Er will ankommen und bleiben. Er sucht einen Platz für das Haus seines Lebens. Derjenige, der fragt: „Wer ist da?", ist auch ein Suchender. Er wartet neugierig auf den anderen, mit all seinen Mitbringseln. Auch er will ein gemeinsames Haus und Zuhause auf dem noch leeren Platz in seinem Leben bauen.

Diese Geschichte ist jedoch irgendwie auch unsere Geschichte, deine und meine, denn wir alle sind Suchende, klopfen, fragen und antworten, mit der Hoffnung, dass wir nach dem Öffnen der Tür dem begegnen, mit dem wir verschmelzen und eins werden und Hand in Hand mit einem Lächeln auf den Lippen und Wind in den Haaren durch die Landschaft des Lebens wandern können.

Im realen Leben aber stehen wir, anders als in der Geschichte, nicht immer vor einer ganz offenen oder ganz geschlossenen Tür, wie wir auch selbst die Tür nicht immer ganz offen oder ganz geschlossen halten. Außerdem klopfen wir selbst manchmal ganz zaghaft, manchmal stürmisch, und manchmal fallen wir sogar gleich mit der Tür ins Haus. Manchmal stecken wir nur unseren Kopf durch den Türspalt oder gehen nur ein paar Schritte hinein. Manchmal schlagen wir sogar nur ein Zelt auf, um erst einmal schnuppern und schauen zu können.

Und wenn wir doch ein gemeinsames Haus bauen, sitzen oft entweder schon die ersten Steine schief oder wir verwenden einen Mörtel, der sich in den Gewittern des Schicksals und den Regenschauern des Alltags auflöst. Und am Ende vermissen wir eine gemütliche Hütte zum Verweilen. Das ist heutzutage die Geschichte der meisten Beziehungen – Beziehungen, die scheitern. Wir wollen jedoch zu den anderen gehören, die das Glück einer harmonischen Beziehung auf ihrer Seite haben.

Ist all das eine Frage des Schicksals? – Nein! Wir selbst sind der Architekt unserer Beziehungen. Ob sie glücklich und harmonisch verlaufen, zu einer einvernehmlichen Trennung führen, an ewigen Schlachten zerbrechen oder in erduldeter Unzufriedenheit fortgesetzt werden, all das liegt in unserer Hand. Hier taucht natürlich die Frage auf: „Wenn das Schicksal meiner Beziehungen in meiner Hand liegt, warum verlaufen sie dann so oft anders, als ich es will?" Weil wir immer wieder über die Unebenheiten in unseren eigenen Denk- und Verhaltensmustern stolpern, die wir im dichten Nebel unserer Routinen nicht bemerken. Und so zaubern wir mit bester Absicht das Unerwünschte herbei. Dies gilt natürlich auch für unseren Partner. Das Ziel dieses Buches ist, gerade das zu bemerken, was wir sonst nicht merken, denn erst dann können wir darauf Einfluss nehmen und es verändern.

Übrigens: Wenn wir in diesem Buch von Beziehungen sprechen, sind immer eheliche, feste eheähnliche Beziehungen sowie gleichgeschlechtliche Lebensgemeinschaften gemeint.

Auch Menschen, die sich gerade nicht in einer Beziehung befinden, haben natürlich eine Vorstellung davon, wie ihre künftige Beziehung sein soll. Somit betreffen die Themen dieses Buches auch diese Menschen mit ihren Beziehungskonzepten.

Wir machen jetzt eine Wanderung durch die Landschaft der Beziehungen, und es ist mir eine Freude, dich bei dieser Wanderung zu begleiten. Der erste Schritt auf diesem Weg wird hier symbolisch als die „Reise nach Italien" umschrieben.

2.
Die Reise nach Italien

Du kannst dir selbst und vielen anderen Menschen die Frage stellen: „In welche Richtung muss man gehen, wenn man nach Italien will?" Fast immer ist die Antwort: „Nach Süden." Diese Antwort ist natürlich nicht immer richtig, denn wenn sich jemand in Nordafrika befindet und nach Süden wendet, um Italien zu erreichen, muss er sehr, sehr weit laufen und sehr, sehr lange schwimmen, um nach Italien zu kommen. Wie lautet jedoch eine Antwort, die immer richtig und gültig ist? – „Es kommt darauf an, wo man steht."

Welche Absicht steckt hinter dieser Frage? Italien steht für eine glückliche, stabile und bereichernde Partnerschaft: Das ist der „Soll-Zustand", also das, was wir erreichen wollen. Aber in welche Richtung müssen wir uns bewegen, um dies zu erlangen? Wir kennen nun die richtige Antwort: Es kommt darauf an, wo wir jetzt stehen, also auf unseren „Ist-Zustand". Bevor wir also ein Ziel anstreben, müssen wir zuerst einmal unseren Standpunkt kennen. Wenn diese beiden Punkte klar sind, dann ist auch die Richtung klar. Anders als bei einer Reise ist bei einer Partnerschaft der Standpunkt, also der „Ist-Zustand", oft aber ganz und gar nicht einfach zu erkennen und nicht offensichtlich.

Das hängt damit zusammen, dass der „Ist-Zustand" eines Paares, also eines Wir, die Summe des „Ist-Zustandes" eines Ich und des „Ist-Zustandes" eines Du ist, mit all ihren sich ergänzenden und einander widersprechenden Facetten. Jeder hat seine eigene Geschichte, sein eigenes Leben und seine eigenen Erwartungen, Ziele, Stärken und Schwächen – und nicht zuletzt seine eigenen Gebote und Verbote, sein eigenes Wertesystem. Hinzu kommt, dass die Aspekte, die uns bewusst sind, einen sehr geringen Teil von dem darstellen, was uns treibt. Und was uns wirklich treibt, ist tief in den dunklen Höhlen des Unbewussten verborgen. Die Fülle von all dem Bewussten und Unbewussten ist unser „Ist-Zustand", der in jedem Augenblick neu entsteht, aber in diesem komplexen Wirrwarr erkennen wir ihn nicht. Der Schlüssel, der eine Tür zu einer harmonischen Beziehung öffnet, ist das Erkennen dieser „Ist-Zustände". Es macht uns bewusst, an welcher Tür, wie und warum wir klopfen, welche Sehnsüchte in der Frage „Wer ist da?" und welche Einstellungen in der Antwort „Ich bin da" beziehungsweise „Wir sind da" schlummern. Die Klarheit über all diese „Ist-Zustände" ist die Fahrkarte für die Reise nach Italien.

Der Beginn einer Beziehung ist in Wirklichkeit der Beginn zweier Reisen, deiner Reise und der Reise deines Begleiters. Man geht zwar Schritt für Schritt den gleichen Weg und kommt so von einem „Ist-Zustand" zum nächsten, doch jeder erlebt diesen Weg anders. Und dieses unterschiedliche Erleben führt meistens dazu, dass die Wege sich trennen, weshalb nur wenige gemeinsam Italien erreichen.

Dieses Buch ist nicht nur eine Lektion über „Ist-Zustände", über die ewig neue Front und die Grabenkämpfe zwischen einem Ich und einem Du, sondern auch eine Landkarte, die begehbare Wege vom „Ist-Zustand" zum „Soll-Zustand" aufzeigt und uns auf die Brücken, Tunnel, Engpässe, Aussichtspunkte, Abgründe und Raststätten auf diesem Weg hinweist. Zwar gibt es unzählig viele Beziehungen und jede hat ihre individuelle Färbung, Dynamik und Entwicklung. Dennoch haben sie alle einiges gemeinsam und folgen gewissen Mustern. Wie wir im vorigen Kapitel erfahren haben, scheitern die meisten Beziehungen. Deshalb widmet sich dieses Buch dem Anliegen, die häufigsten Ursachen des Scheiterns von Beziehungen aufzudecken. Daraus ergeben sich gleichzeitig Hinweise darauf, wie man selbst zum Gelingen seiner Beziehungen beitragen kann. Konkret geht es um den ersten Fehler, den man bereits vor dem Anfang jeder Beziehung begeht, um den Zauber der Verliebtheit und ihre Tücken und den Einfluss, den unsere Einstellungen, Grundbedürfnisse und unsere Persönlichkeit auf unsere Beziehungen haben. Im Weiteren geht es darum, was überhaupt eine Beziehung ist, wie schicksalhaft Beziehungen sind, wie viel „Du" ein „Ich" verträgt, welche Rolle recht behalten wird, welche Rolle Wünsche und Hoffnungen und so weiter spielen und welche Beziehung zwischen Verstehen und Verständnis besteht. Schließlich werfen wir einen Blick auf die wichtigste Beziehung in unserem Leben. Im Verlauf dieses Buches wird immer wieder an konkreten Beispielen gezeigt, wie die erwähnten Themen einmal unmerklich, aber nachhaltig ihre Schatten auf unsere

Beziehung werfen und wie sie ein andermal als Fackel unseren Weg zu einer erfüllten Beziehung erleuchten.

Auf den Punkt gebracht:

Jede Phase und jeder Augenblick in einer Beziehung vollzieht sich durch eine Auseinandersetzung zwischen einem Ich und einem Du. Aus diesem Augenblick, aus diesem „Ist-Zustand" entsteht der nächste und daraus der nächste und so weiter. Erst das Erkennen dieser „Ist-Zustände" ermöglicht es, die in ihnen verborgenen Defizite zu beheben und die vorhandenen Potentiale zu entfalten. Das ist der kürzeste, schönste und im Grunde vielleicht auch der einzige Weg nach Italien.

Das nächste Kapitel gibt die Antwort auf die Frage: Was ist der erste Fehler, der eine Beziehung beeinflusst, bevor sie überhaupt begonnen hat?

3.
Der erste Fehler liegt schon vor dem Anfang

Wir haben Vorstellungen und Überzeugungen, die uns so klar und selbstverständlich erscheinen, dass wir nicht einmal auf die Idee kommen, dass etwas an ihnen nicht stimmen könnte. Ein typisches Beispiel ist die gängige Auffassung davon, was der Anfang einer Beziehung ist. Wenn man Eheleuten oder sonstigen Paaren die Frage stellt: „Wie habt ihr euch kennengelernt? Wie hat eure Beziehung begonnen?", lautet im Allgemeinen die Antwort etwa so: „Da oder dort haben wir uns gesehen, fanden uns sympathisch, haben dann ein paar nette Gespräche geführt, waren ein paarmal essen und haben Verschiedenes unternommen. So kamen wir uns langsam näher, wurden intim und haben uns verliebt. So hat unsere Beziehung angefangen." So oder so ähnlich lauten die Antworten häufig.

Dennoch entsprechen solche Antworten, die sehr naheliegen und sehr plausibel klingen, *nicht* dem Anfang einer Beziehung. Die Ereignisse und Erlebnisse, die wir für den Anfang einer Beziehung halten, beschreiben lediglich die Abläufe in der Frühphase einer Beziehung, sind aber nicht deren *Anfang*. Diese Behauptung klingt etwas befremdlich, denn wenn all das, was als Anfang einer Beziehung empfunden wird, nicht deren Anfang sein soll, was *ist* dann der Anfang einer Beziehung?

Allgemein formuliert: Wenn man mit etwas anfängt, hält man das, was man dann gerade tut, für den Anfang dieser Sache. Bei näherem Hinschauen liegt jedoch etwas vor diesem Anfang, das diesen Anfang überhaupt in Gang gesetzt hat. Zum Beispiel steigt man in einen Zug ein und hält das für den Anfang seiner Reise. Man könnte genauso gut sagen, die Reise hat damit angefangen, in das Taxi einzusteigen, das einen zum Bahnhof gebracht hat, oder die Koffer zu packen, die man mitnimmt. Der eigentliche Anfang ist jedoch in der Absicht zu sehen, die Reise zu machen. Damit wird deutlich, dass alle anderen Handlungen aus dieser Absicht entstehen und dass sie daher nicht der Anfang der Reise sind. Genauso verhält es sich mit dem Anfang einer Beziehung. Die Begegnung mit einem Menschen entspricht dem Zug, den wir nehmen, und die Beziehung ist die gemeinsame Fahrt. Aber worin besteht hier der Anfang, der vor der Reise der Beziehung lag?

Dieses Etwas, das wir als den Anfang einer Beziehung auffassen wollen, ist ein großes Paket, gefüllt mit unserem Wertesystem, unserem Geschmack, unseren Erwartungen, Vorstellungen, Absichten, Denkmustern und damit, wie wir mit unserer Lebenssituation umgehen. Dieses Paket trägt den Namen „Persönlichkeit".

Unsere Persönlichkeit ist die Quelle und die Basis unseres Fühlens, Denkens und Handelns. Sie bestimmt unsere Grundeinstellung gegenüber uns selbst und gegenüber der Welt um uns herum. Insofern ist unsere Grundeinstellung auch der Ausgangspunkt und die Ursache dafür, warum, mit welcher Absicht und Vorstellung und vor allem mit welchen Menschen wir überhaupt eine Beziehung eingehen.

Demnach sind nicht die Begegnung mit einer Person und die anfänglichen Ereignisse und Erlebnisse mit dieser der Beginn einer Beziehung, sondern unsere Grundeinstellung, die schon lange da ist, bevor wir uns überhaupt auf einen Menschen einlassen. Auf ihr basiert unsere Bewertung und somit unsere Wahl. Also: Nicht eine Person bestimmt unsere Wahl, sondern unsere Wahl bestimmt die Person.

Dass nicht immer unsere bewussten Entscheidungen und plausiblen Erklärungen und Begründungen, sondern weitgehend unsere unbewusste Grundeinstellung – vertrauter formuliert: unser Bauchgefühl – über das Ja oder das Nein zu einer Beziehung entscheidet, soll folgendes Beispiel verdeutlichen: Wir begegnen jemandem, der uns sehr gut gefällt. Aber etwas in uns winkt ab, warnt uns und wir lassen die Finger von dieser Beziehung. Dann begegnen wir einem anderen Menschen, an dem uns vieles stört. Aber irgendwie fasziniert er uns, er zieht uns magisch an und wir entscheiden uns trotzdem für ihn. Zwar begründen wir unser Nein oder Ja mit einer bewussten und für uns selbst plausiblen Erklärung, doch in beiden Fällen folgen wir dem ominösen Bauchgefühl, eben unserer Grundeinstellung.

Dieses Konzept liegt allen unseren Absichten und Entscheidungen zugrunde, und dies gilt nicht nur für lebensentscheidende Prozesse, sondern auch für banale, alltägliche Handlungen.

Als eine Analogie zu Partnerschaften schauen wir uns ein entsprechendes Beispiel an, das den Zusammenhang zwischen bewussten Entscheidungen und deren unbewussten Ursachen, eben unserer individuellen Grundeinstellung, verdeutlichen soll. Eine Frau will sich einen Pullover kaufen und geht in ein Einkaufszentrum. Die Auswahl an Geschäften und damit an Pullovern ist riesig. Je nach ihrem Lebensstandard, ihrem Geschmack, ihrem Alter und letztlich, wie sie aufgrund ihrer Einstellung diese Dinge bewertet, sucht die Frau bestimmte Läden auf. Von den unzähligen Pullovern, die dort angeboten werden, nimmt sie ein Dutzend in die Hand, wenige davon nimmt sie mit in die Umkleidekabine mit und am Ende entscheidet sie sich für den einen, der ihr am besten gefällt. Oder sie ist mit ihrer Freundin unterwegs und entdeckt zufällig in einem Schaufenster einen Pulli, der sie besonders anspricht. Sie geht in das Geschäft und kauft ihn direkt, obwohl sie zu diesem Zeitpunkt eigentlich gar keinen Pullover gesucht hat.

Entscheidend ist, dass ihre Grundeinstellung und damit unter anderem auch ihr Geschmack in beiden Fällen schon da waren, bevor sie überhaupt die Absicht hatte, einen Pullover zu kaufen. Allein die Tatsache, dass sie der Meinung war, sie könnte einen neuen Pullover brauchen, ist eine unbewusste Folge ihrer Einstellung, denn bei einer anderen Einstellung würde dieses Bedürfnis vielleicht gar nicht entstehen. Und das Gleiche gilt für jeden weiteren Schritt und jede weitere Entscheidung. Aus der Sicht dieser Frau waren ihr Geschmack, ihr Bedürfnis und ihr Wille die Gründe für den Kauf des Pullovers. Wie schon erwähnt, weiß sie jedoch in Wirklichkeit selbst nicht einmal, weshalb sie diesen Geschmack und diesen Willen hat. Denn ihre Beweggründe sind die Folge der Bewertung von Dingen, die gänzlich unbewusst abläuft.

Dieses Muster weist identische Elemente mit den Überlegungen auf, die wir bei der Suche nach dem Anfang einer Reise angestellt haben. Einem ähnlichen Muster folgen wir auch bei der Wahl eines Partners, und jeder Schritt bei dem Kauf des Pullovers kann im Großen und Ganzen darauf übertragen werden. Das Einkaufszentrum entspricht den Menschen, die es in unserem weiteren Umfeld gibt, und die Läden, welche die Frau aufsucht, unserem Arbeitsumfeld, unseren Hobbys, die wir zusammen mit anderen pflegen, Partys und so weiter. Die Pullover, die sie prüfend in die Hand genommen hat, lassen sich vergleichen mit Gesprächen, ein paar Treffen und gemeinsamen Unternehmungen und vielleicht auch Intimität; jene Pullover, welche die Frau in der Umkleidekabine liegen gelassen hat, entsprechen Beziehungen, die irgendwie doch nicht gepasst haben und beendet sind, und der gekaufte Pullover symbolisiert den Menschen, mit dem wir eine längere Beziehung oder eine Ehe eingegangen sind. Analog zu der Begründung, die diese Frau für die Wahl ihres Pullovers hatte, kreieren wir Begründungen für die Wahl unseres Partners. Häufig hört man als Gründe dafür Sympathie, das Aussehen, den sozialen Status, Sexualität, bestimmte Charakterzüge et cetera. Aber wie wir wissen: Auch hier ist unsere Grundeinstellung die treibende Kraft, die unsere Wahl bewirkt.

Was haben wir durch diese beiden Beispiele erreicht? Durch das erste Beispiel, die Reise mit dem Zug, wurde deutlich, dass ein Anfang nicht eine Handlung, sondern eine Absicht ist. Durch das zweite Beispiel, den Kauf eines Pullovers, haben wir gesehen, dass nicht die bewusste Begründung, warum wir so handeln, wie wir handeln, sondern unsere Einstellung der wahre Grund und die eigentliche Ursache unseres Handelns ist. Aus der Analogie, die jedes dieser Beispiele mit einer Beziehung aufweist, folgt: Der Anfang einer Beziehung ist nicht das, was wir für deren Anfang halten, sondern der Antrieb, unsere bewussten Bedürfnisse zu befriedigen. Zweitens basiert unsere bewusste Entscheidung für eine Beziehung auf unserer Grundeinstellung, die uns wiederum gänzlich unbewusst ist.

Da weder der Anfang noch die Quelle der Absicht, aus der wir eine Beziehung eingehen, klar ist, liegt es nun nahe, davon auszugehen, dass sich Fehler einschleichen. Mit der Auswirkung unserer Absichten auf unsere Beziehung beschäftigen wir uns in den weiteren Kapiteln. In diesem Kapitel liegt der Fokus auf dem Fehler, der sich daraus ergibt, dass wir auf einem Anfang aufbauen, der gar kein Anfang ist. Als Beispiel dafür betrachten wir einen Mann, Herrn Fixiert, und schauen, mit welcher Einstellung und wie er eine Beziehung aufbaut.

Herr Fixiert hat eine klare Vorstellung davon, welche Eigenschaften seine zukünftige Frau haben soll: Er schwärmt von einer Frau, die klassische Musik liebt, Akademikerin ist und pechschwarze, ins Bläuliche schimmernde Haare hat. Es bedarf keiner näheren Erklärung, wie lange es dauert und wie viele Frauen Herrn Fixiert begegnen müssen, bis ein so hochgebildetes musikalisches Geschöpf mit schwarzen Haaren, wie er es sucht, auftaucht. Wir gehen davon aus, dass diese geringe Wahrscheinlichkeit eines Tages doch eintritt und er einer solchen Frau begegnet. Die Euphorie, endlich seine ideale Frau gefunden zu haben, gibt ihm die Kraft und die Entschlossenheit, alles zu tun, um sie für sich zu gewinnen.

Nach ein paar netten Gesprächen kommt es zu einem ersten gemeinsamen Abendessen in einem feudalen Restaurant. Die Freude über das Wiedersehen ist groß; der Rest des Abends verläuft jedoch nicht gerade schön. Sie reagiert auf fast alles genervt und patzig. So regt sie sich unter anderem darüber auf, dass sie wegen des vollen Restaurants einige Minuten auf einen freien Tisch warten müssen und dass anschließend der Ober auch auf das zweite Rufen nicht reagiert. Sie bestellt deshalb den Geschäftsführer und macht ein großes Theater. Darüber hinaus trinkt sie zunächst ein Glas Prosecco, dann ein Glas Wein – und weil dieser ihr schmeckt, bestellt sie eine ganze Flasche, die sie fast alleine leert. Mit solchen und ähnlichen Ereignissen wird Herr Fixiert auch in der folgenden Zeit oft konfrontiert.

Herr Fixiert registriert natürlich schon bei den ersten Begegnungen, dass seine Begleiterin ungeduldig, aggressiv und egoistisch reagiert und auch, dass sie im Übermaß Alkohol trinkt. Aber angesichts seiner Überzeugung, eine Frau mit idealen Eigenschaften und Merkmalen gefunden zu haben, erscheinen ihm all ihre Reaktionen, die er sonst für unangemessen halten würde, als bedeutungslose und unwichtige Kleinigkeiten. Deshalb umhüllt er all ihre Schwächen mit dem Schleier des Verständnisses. Die Anziehung durch ihre idealen Eigenschaften ist eben viel stärker als die Abstoßung durch ihre negativen Wesenszüge.

Erst nach und nach, wenn Zukunft zur Gegenwart wird, verlieren die idealen Merkmale ihren Zauber und das Zusammenleben mit dem realen Menschen bestimmt den weiteren Verlauf der Beziehung. Jetzt hat Herr Fixiert eine Frau mit den gewünschten Eigenschaften an seiner Seite, doch das Leben mit ihr ist nicht das Leben, von dem er geträumt hat. Er fällt in die tiefe Schlucht zwischen dem idealen und dem realen Menschen. Herr Fixiert zahlt den Preis für den Fehler, den er schon vor Beginn der Beziehung gemacht hat: nämlich die Einstellung, dass eine Frau mit bestimmten Eigenschaften eine ideale Partnerin wäre. Durch diese Einstellung war er fixiert auf äußere Eigenschaften und hatte keinen ungetrübten Blick auf den Menschen hinter den Eigenschaften. Diese Einstellung hatte er wohl schon bemerkt, bevor er dieser Frau begegnet ist. Mit anderen Worten: Er hat an eine bunte Tür geklopft, die ihm gefiel, und diese Tür zu seiner Gefährtin gemacht. Doch der Mensch hinter der Tür wurde nicht seine Begleiterin.

Worin liegt nun die gewinnbringende Erkenntnis aus dieser Geschichte? Diese Erkenntnis trägt den Namen „Bewertungsbrille". Wie bereits erwähnt, ist unsere Persönlichkeit die Basis und der Ausgangspunkt all unserer Empfindungen, Entscheidungen und Handlungen. Sie ist uns zwar in ihrer Komplexität und in all ihren Auswirkungen nicht bewusst, dennoch bewirkt sie, wie wir uns und die anderen sehen. Damit sehen wir die Welt so, wie wir sind. Jeder Mensch trägt sozusagen in jeder Lebenssituation und in jedem Augenblick eine Bewertungsbrille. Je nach seiner Persönlichkeit hat die Bewertungsbrille in einer Situation jedoch sehr dicke Gläser, ist stark gefärbt und verzerrt alles, während ihre Gläser in anderen Situationen nur zu geringen Verfärbungen der Realität führen. Zum Beispiel reduzierte die Bewertungsbrille von Herrn Fixiert einen realen Menschen auf wenige Eigenschaften und verzerrte seine Wahrnehmung sehr stark, was folgenschwere Auswirkungen hatte.

Wenn sich unser Streben bei der Begegnung mit einem Menschen lediglich darauf konzentriert, unseren anfänglichen Impulsen unreflektiert zu folgen, das heißt, die Welt nur durch unsere Bewertungsbrille zu sehen, besteht die Gefahr, dass wir keinen Zugang zum Ursprung dessen finden, was uns antreibt, und nicht in der Lage sind, die in uns wirkenden Kräfte in die richtigen Bahnen zu lenken. Wenn sich Herr Fixiert zum Beispiel nicht die Frage stellt, warum ein paar Eigenschaften eines Menschen die Basis seiner Beziehung werden sollen, und er diese Einstellung nicht überdenkt, versäumt er die Chance, mit einem Menschen mit all seinen Facetten eine nachhaltige und harmonische Beziehung aufzubauen.

Am Rande bemerkt: Gewiss sind die sogenannten inneren Werte wie Verantwortung, Aufrichtigkeit, die Fähigkeit zur

Hingabe, Toleranz und Ähnliches für eine Beziehung sehr wichtig. Das Ausmaß, in dem man diesen Werten folgt, kann aber ebenso zu einer Bewertungsbrille werden, die den Blick verengt.

Viel vertrauter für uns als dieser Fehler – das Tragen einer „Bewertungsbrille" –, der vor dem Beginn einer Beziehung gemacht wird, ist ein anderer Fehler, der sich im frühen Stadium einer Beziehung, also in der Phase der Verliebtheit, einschleicht. Dieser Fehler trägt den Namen „Zukunftsbrille" und bewirkt, dass anstelle der Realität die Emotionen der Verliebtheit als Basis für die gemeinsame Zukunft dienen. Das wird im nächsten Kapitel eingehend behandelt. Ein direkter Vergleich der beiden Fehler schärft den Blick dafür, sie besser zu erfassen. Die Bewertungsbrille trägt man bereits vor dem Beginn einer Beziehung, aber eine zweite Brille, eben die Zukunftsbrille, kommt erst hinzu, wenn man sich verliebt hat. Mit der Bewertungsbrille baut man die Zukunft auf ein paar Eigenschaften – mit der Zukunftsbrille auf Illusionen und Träume. Dennoch haben sie im Kern etwas Gemeinsames: Beide sind mit einem eingeschränkten und engen Blickwinkel auf die Zukunft gerichtet. Und der Blick in die Zukunft ist unweigerlich mit Hoffnung und Angst verbunden. Jede positive Eigenschaft eines Menschen erweckt die Hoffnung, er könne der Richtige sein, und jede nicht passende Eigenschaft die Angst, er sei der Falsche. Je nachdem, ob die Angst oder die Hoffnung siegt, verpasst man vielleicht die Richtige oder man bindet sich an jemanden, der nicht geeignet ist. Das Fatale daran ist, dass man die Beziehung zu einem Menschen weiter aufbaut, intensiviert oder sie beendet, ohne dem Menschen hinter dem Mann oder der Frau jemals begegnet zu sein.

Hier wird nun ein zauberhaftes Hilfsmittel aufgezeigt, mit dem du das gute Vorhaben, ohne Bewertungsbrille zu sehen, auch tatsächlich umsetzen kannst: Streiche den Begriff „Kennenlernen" nicht nur aus deinem Vokabular, sondern auch aus deinem Gedächtnis, aus deinen Gedanken, aus deinen Plänen. Das klingt unrealistisch, ist aber sehr nachhaltig, befreiend und nützlich. Denn „Kennenlernen" ist zwar ein vertrauter Gedanke und eine naheliegende Absicht zu Beginn einer Beziehung. Aber was bedeutet es, wenn man jemanden kennenlernen will? Das bedeutet, man will erfahren, was er oder sie für ein Mensch ist. Warum aber will man das wissen? Um zu schauen, ob derjenige zu einem passt, ob man mit diesem Menschen eine Beziehung eingehen will oder sogar den Rest seines Lebens mit ihm verbringen möchte. Und so trägt man, ohne dass man es merkt, doch mit nachhaltigen Folgen eine Bewertungsbrille.

Wenn du von dem Begriff „Kennenlernen" Abschied nimmst, entsteht eine Lücke. Diese Lücke füllst du mit dem Wort „Begegnen". Begegnen bedeutet, absichtslos, offen und neugierig zu sein. Wenn du dem anderen ohne Erwartung, Hoffnung und Angst begegnest, also ohne ihn in dein fertiges Bild von ihm hineinzuzwängen, erkennst du eher, wer der Mensch hinter dem Mann oder der Frau wirklich ist. Jemandem zu begegnen, also im Augenblick zu verweilen, bedeutet nicht, willenlos und anspruchslos zu sein, die Fähigkeit zu verlieren, entscheiden und wählen zu können, sondern es soll nur bedeuten, den Augenblick als solchen zu erleben, ohne den Ballast der Vergangenheit und ohne eine Verfärbung durch Zukunftsgedanken. So ergibt sich das Kennenlernen im Sinne des Wortes automatisch aus den Begegnungen.

Quintessenz:

Es ist praktisch unmöglich, urteilsfrei auf Menschen zuzugehen und ihnen so zu begegnen, wie sie sind. Und je ausgeprägter unsere Fixierung ist, die unsere Grundeinstellung widerspiegelt, umso eingeengter ist unsere Sicht auf die Realität und umso geringer unsere Offenheit für vorurteilslose Begegnungen. Wenn man einen Partner sucht, hat man eine Vorstellung von ihm und sucht automatisch einen Menschen mit bestimmten Eigenschaften – und diese Eigenschaften ergeben das bunte Bild, das man für den Menschen hält. Der Mensch, dem man begegnet, umfasst jedoch unermesslich viel mehr als unser Bild von ihm. Der andere ist sozusagen nicht der, den du suchst; er ist nicht dein unumgängliches Schicksal. Der andere, so wie du ihn wahrnimmst, ist das Produkt, das Geschöpf deiner Grundeinstellung. Suchen ist immer Schauen durch die Bewertungsbrille, die vom ganzen Leben, vom ganzen Menschen, nur das durchlässt, worauf du fixiert bist. Nimm die Bewertungsbrille ab und begegne dem Leben und den Menschen so offen, wie du kannst, ohne bejahende und verneinende Vor-Urteile. So bewahrst du dir einen klaren Blick und deine Offenheit und hast die bestmögliche Chance, dich nicht zu irren. Denn wenn du dich am Anfang nicht täuschst, wirst du auch am Ende nicht ent-täuscht sein.

Damit das gelingt, vergiss das Wort „Kennenlernen" und nimm Abschied von der Einstellung, die dahintersteckt. Ersetze „Kennenlernen" durch „Begegnen". Denn die Begegnung ist urteilsfrei, offen und lebendig. Während im „Kennenlernen" Hoffnung, Angst und Enttäuschung schlummern, ist die Begegnung absichtslos, ohne Angst und Hoffnung und bietet so der Enttäuschung keinen Nährboden. Kennenlernen sollte nie das Ziel, sondern immer nur eine Folge von Begegnungen sein.

4.
Die Entzauberung der Verliebtheit

Es gibt eine Redewendung, die lautet: „Wenn die Suppe versalzen ist, dann ist der Koch verliebt." Wie auch immer man dieses Sprichwort deutet, eines haben alle diese Deutungen gemeinsam: Sie sagen aus, dass die Verliebten den Blick für das richtige Maß verlieren. Die Zutaten der Suppe sind nicht ausgewogen; sie nehmen von dem einen zu viel und von dem anderen zu wenig. Am Ende entsteht etwas, das weder gut schmeckt noch bekömmlich ist. Im übertragenen Sinne wirft das die wesentliche Frage auf, warum aus den köstlichen Zutaten, eben aus den wundervollen Ereignissen und Erlebnissen der Verliebtheit, nicht immer Liebe, sondern oft eine versalzene Suppe, also Enttäuschung, Bitterkeit und Gleichgültigkeit oder eine schmerzhafte Trennung wird. Warum also aus dem freudigen Klopfen an einer bunten Tür, aus der lustvollen Frage „Wer ist da?" und aus der enthusiastischen Antwort „Ich bin da!" häufig nicht ein erfüllendes „Wir sind da!" und ein beglückendes Zusammenbleiben wird.

Während im letzten Kapitel von Dingen wie Grundeinstellung und Persönlichkeit die Rede war, die schon vor einer Beziehung da sind, geht es in diesem Kapitel um die Anfangsphase in einer schon bestehenden Beziehung, die man im Allgemeinen als Verliebtheit bezeichnet, also um die schönen Ereignisse und

Erlebnisse, welche die ersten Tage, Wochen oder Monate einer Beziehung füllen.

Diesen Empfindungen beschreibt Hermann Hesse mit den Worten: „Jedem Anfang wohnt ein Zauber inne."[2] Dieser Zauber ist Verliebtheit, die mit ihrer magischen Anziehung verbindet und aus Begegnungen eine Beziehung macht. Verliebtheit ist aber nicht nur die Quelle von Verzauberung, Genuss und Leichtigkeit, sondern ihr Einfluss erstreckt sich auch über die Beziehung hinaus auf die Prozesse, die den Alltag und das Leben bestimmen. Verliebtheit berauscht und verzaubert, denn nicht umsonst gilt: Die Zeiten der Verliebtheit sind die schönsten Blätter im Tagebuch eines Menschen. Doch weit über das bewusste Erleben der Verliebtheit hinaus setzt sich Verliebtheit unbewusst aus mehreren Komponenten zusammen, die von evolutionärem, emotionalem und sozialem Charakter sind. Und aus dieser Quelle schöpft Verliebtheit ihre anfängliche magische Kraft. Was aber aus ihr wird, in was sie sich verwandelt, in eine durch Liebe geprägte Bindung, ein organisiertes Zusammenbleiben oder eine Trennung, hängt davon ab, was die Verliebten aus ihrer Verliebtheit machen.

Der evolutionäre Anteil der Verliebtheit lässt sich am besten durch die folgende Analogie beschreiben: Warum hat die Natur die Blumen so erschaffen, dass sie Nektar erzeugen? Denn für ihr Überleben brauchen sie ihn nicht. Sie erzeugen ihn wegen der Bienen und dabei dachte die Natur an Fortpflanzung. Das erklärt auch die Liebesbeziehung zwischen Bienen und Blumen.

Weil wir Menschen aber etwas schlauer sind als Bienen und Blumen, hat die Evolution einen viel stärkeren und wirkungsvolleren Nektar für die Menschen entwickelt – eben die Verliebtheit. So wie der Nektar die Arterhaltung der Blumen sichert, dient die Verliebtheit der Arterhaltung der Menschen. Das klingt sehr unromantisch, ist aber der Plan der Evolution und eine biologische Notwendigkeit.

Damit die Verliebtheit auch ihrer biologischen Aufgabe gerecht wird, hat die Natur sie entsprechend ausgestattet mit der treibenden Kraft der Emotionen, welche die Seele beflügeln, die Vernunft jedoch einschränken. Mit der zauberhaften Schönheit der leiblichen Verschmelzung, den pochenden Herzen und der alles überflutenden Sehnsucht tritt die Verliebtheit ihren Siegesmarsch an und baut ihre dominierende Herrschaft über das Fühlen und Denken der Verliebten auf. Aber nicht der sinnliche Durst und die Begierde, die den Leib ergreifen, sind die eigentliche Quelle der Kraft und Verzauberung der Verliebtheit, sondern die Schwingungen der Seele, welche die körperliche Verschmelzung zu einer globalen Verschmelzung mit dem Geliebten und mit der ganzen Welt ausdehnen. Verliebte fühlen sich vereint und verbunden. Aus einem isolierten Ich und einem isolierten Du wird ein Wir-Gefühl, eine erlebte Einheit und ein empfundenes Ganzes, entschlossen, kraftvoll und enthusiastisch. Die Verzauberung durch die Verliebtheit verändert den Alltag und verzerrt die Realität; Verliebtheit schafft ihre eigene Wirklichkeit. Aus dem verführerischen Gemisch von zauberhaften Erlebnissen, schönen Träumen und der

Überzeugung, dies sei ein ewiger Zustand, entsteht das, was mit dem einen Wort „Illusion" zusammengefasst werden kann. Die Verliebten erleben das jedoch nicht als Illusion. Aus ihrer Hoffnung wird Gewissheit und aus ihren Träumen Pläne, ein Entwurf für die Zukunft. Das heißt, sie sehen das Leben durch eine Zukunftsbrille.

Während die evolutionäre und die emotionale Komponente der Verliebtheit, wie wir gesehen haben, relativ leicht erfassbar sind, ist der Einfluss der sozialen Komponente komplex und weniger durchschaubar. Die Komplexität ergibt sich aus den vielfältigen und vielschichtigen Interaktionen verliebter Paare mit ihrem Umfeld. Jeder der beiden Partner hat seine eigenen Erwartungen und Bedürfnisse und ist dadurch zwangsläufig mit den Zwängen und Erwartungen aus seinem Umfeld konfrontiert. Und wenn sich beide näherkommen, dann stoßen diese gewaltigen Pakete, die sie mitbringen, aufeinander. Es liegt nahe, dass sie nicht unbedingt harmonisch ineinanderfließen werden. Durch die kraftvolle Euphorie der Verliebtheit und das empfundene Eins-Sein übergehen die Verliebten jedoch diese Disharmonien und empfinden die Zwänge der Realität als eine Herausforderung und deren Bewältigung als einen Triumph ihrer Liebe.

Hinzu kommt, dass die Zukunftsbrille den Blick der Verliebten verengt und sie nicht den Menschen sehen, der geliebt wird, sondern das verzerrte Bild, das Verliebte aus ihm machen. Ein Bild, das die schöne Seite des Geliebten großflächig, bunt und strahlend und seine Schwächen als blasse Punkte erscheinen lässt. Aus einem Menschen wird eine Fiktion. Mit diesem Menschen an der Seite fühlen sich Verliebte sicher aufgehoben und der bunte Luftballon ihres Zusammenseins schwebt über den strahlenden Himmel eines sinnhaften und glücklichen Lebens für alle Ewigkeit.

In der Psychopathologie gibt es eine Definition für Wahn, die dem Zustand der Verliebtheit sehr nahekommt: „eine unerschütterliche Überzeugung ohne ausreichende Begründung".[3] Auch mit den Worten von Erich Fromm: „Die Intensität der Vernarrtheit, dieses gegenseitigen ‚Verrücktseins‘ nach dem anderen sieht man als Beweis für die Intensität der Liebe."[4] Allein die Tatsache, dass Wahn und Verliebtheit ähnliche Züge haben, ist ein sicheres Indiz dafür, dass Verliebtheit die Quelle von Irrtümern ist. Und je größer der Irrtum, umso schwerwiegender sind auch die Folgen. Aber wo genau liegen die Irrtümer der Verliebtheit?

Gerade das, was Verliebtheit so schön, faszinierend und ergreifend macht, ist gleichzeitig die Quelle dieser Irrtümer. Verliebtheit wirkt sozusagen wie ein süßes Gift. Mit dem Süßen nimmt man gleichzeitig auch das Giftige zu sich, denn das Süße und das Giftige sind zwei verschiedene Seiten ein und derselben Medaille. Das heißt, dass bei der obigen Beschreibung der schönen und zauberhaften Seite von Verliebtheit gleichzeitig auch das Giftige beschrieben wurde – aber nicht direkt und unmittelbar ersichtlich. So wie der Ruin und der Schaden, der durch

Orkane und Überschwemmungen entsteht, erst sichtbar wird, wenn diese vorbei sind, kommen die Irrtümer der Verliebtheit erst dann zu ihrer vollen Geltung, wenn die Verliebtheit an Glanz und Verzauberung verliert.

Diverse Schritte auf diesem Irrweg sollen durch folgende Beispiele verdeutlicht werden. Ein verliebtes Paar will viel Zeit miteinander verbringen. Das ist naheliegend und verständlich. In aller Regel suchen sie ein gemeinsames Nest und ziehen so schnell wie möglich zusammen. Oder sie gehen ein für ihre Verhältnisse großes Risiko ein und kaufen sich sogar ein Häuschen. Und um sich näher zu sein, ändern sie vielleicht auch ihren Arbeitsplatz. Im Zuge der Euphorie der Verliebtheit und der Überzeugung „Wir gehören zusammen" entsteht auch der Wunsch nach gemeinsamen Kindern, den sie sich ebenfalls erfüllen. All diese oder ähnliche Entscheidungen, welche die Verliebten treffen, sind Folgen des Blickes durch die Zukunftsbrille.

Diese Beispiele sollen die Beziehung zwischen der Zukunftsbrille und dem süßen Gift noch einmal verdeutlichen: Verliebte sehen ineinander den idealen Begleiter für einen idealen Lebensweg. Das führt dazu, dass Verliebte mit voller Überzeugung und von ganzem Herzen, aber bloß mit dem Bild von einem Menschen – ohne zu wissen, wie er wirklich ist – an einer rosigen Zukunft basteln und unerschütterlich mit diesem hoffnungsvollen Bild ihre Zukunft planen. Den Menschen aber, so wie er ist, nehmen sie erst wahr, nachdem die Verliebtheit verflogen ist, also ab den Augenblicken, wenn die Partner nicht mehr durch ihre rosarote Zukunftsbrille schauen. Deshalb verlieren nicht nur alle Vereinbarungen, die ausgesprochen wurden, sondern auch all die gedachten Ziele, Hoffnungen und Pläne, die in der Zeit der Verliebtheit entstanden sind, ihr Fundament und ihre Gültigkeit mit dem Vergehen der Verliebtheit – und das fast immer mit nachhaltigen Folgen.

Es liegt nahe, dass die unermesslich hohen Ansprüche und Bedürfnisse der Verliebtheit einen ebenso unermesslich großen Raum und ebenso viel Zeit für ihre Befriedigung brauchen. Zwangsläufig hat man weniger Zeit für Freunde und vertraute Gewohnheiten, die sich im Laufe der Jahrzehnte herauskristallisiert haben. Ebenso gibt man einen Teil der notwendigen Selbständigkeit unmerklich ab. Und erst wenn die Verliebtheit vorbei ist, fordern all diese Versäumnisse und vernachlässigten Interessen ihren Tribut, denn die entstandenen Lücken sind nicht immer leicht zu füllen.

Eine weitere negative Auswirkung, die Verliebtheit hinterlässt, betrifft das Selbstbild: Wenn man als Geliebter uneingeschränkt bejaht und angenommen wird, entsteht das Pseudo-Gefühl, etwas Besonderes zu sein, sozusagen ein geliehenes Selbstvertrauen. Das reale Selbstbild wird durch ein ideales, viel lebendigeres, bunteres und vollkommeneres Bild ersetzt. Das schmeichelt nicht nur, das macht auch süchtig. Nach dem Ende der Verliebtheit aber kehrt das alte Selbstbild, das einem nicht genügt hat, zurück – doch der Durst nach dem idealen Selbstbild bleibt. Und dieser Durst macht ungeduldig, mit der Folge, dass man vielleicht kopflos in die nächste Verliebtheit hineinrutscht. Eine weitere Variante ist: Wenn man noch verliebt von seinem Geliebten verlassen wird, kann man das Geschehene oft nicht begreifen und bricht zusammen. Erlebt man mehrere intensive Verliebtheiten, die dennoch scheitern, entsteht allmählich ein Misstrauen gegenüber Verliebtheit. Es schleicht sich eine Angst vor einem neuen Anfang, vor einer neuen Verliebtheit ein. Außerdem kann der Zauber der Verliebtheit auch zu dem Irrtum führen, man könne nur mit diesem Einen glücklich werden, mit der Folge, dass man bereit ist, Konflikte zu vermeiden, sich gefügig zu verhalten, und sich aus Angst vor einer Trennung in ein Ich hineinmanövriert, das man gar nicht ist. All die möglichen Schwächen des Selbstbildes bekommen durch das Gift der Verliebtheit eine Bestätigung und zusätzliche Nahrung.

Da die Verliebtheit mit ihrer archaischen Wucht über die Verliebten hinwegrollt, gibt sie ihnen nicht die Möglichkeit, ihren Segen und ihren Fluch differenziert wahrzunehmen. Eine pragmatische und realistische Lösung, um das eine zu genießen, aber dem anderen nicht zu verfallen, liegt darin, die Zukunftsbrille abzulegen. Und damit umgeht man den zweiten Fehler, der aus dem Rausch der Verliebtheit entsteht.

Zusammengefasst:

So wie auf das Einatmen das Ausatmen folgt, so folgt auf den Traum der Verliebtheit das Erwachen in der Realität. Wenn der Vorhang der Verliebtheit fällt und das bunte Schauspiel der

Verliebtheit vorüber ist, stehen sich zwei Menschen gegenüber, so wie sie wirklich sind, mit all ihren menschlichen Unzulänglichkeiten und Eigenarten. Menschen lernen einander kennen, wenn sie nicht mehr verliebt sind.

In der Euphorie der Verliebtheit jedoch machen sich Verliebte Bilder voneinander, die wunderschön sind, und im reißenden Fluss dieser Schönheit planen sie. Es entstehen allmählich, aber unmerklich neue Gewohnheiten, Verhaltensmuster und Rituale, die sich zu Fakten verdichten. Und wenn die Fakten massiv und weitreichend geworden sind, bleiben einige Paare erst einmal zusammen, auch wenn die Verliebtheit vorbei ist. Doch nicht die Bilder, die Verliebte voneinander durch ihre Zukunftsbrille sehen, sondern nur Menschen, so wie sie wirklich sind, haben eine reelle Chance, aus ihrer Beziehung eine Bindung zu machen, eine harmonische Einheit für Jahre, Jahrzehnte und vielleicht für das ganze Leben. Wenn es der Frau und dem Mann – zwei Männern oder zwei Frauen – vor der Entzauberung ihrer Verliebtheit gelingt, aus ihrer Beziehung eine tiefe innere Bindung zu machen und sich so, wie sie sind, anzunehmen und zu bejahen, dann hat das Zusammensein eine erfüllende Basis. Denn das ist der Beginn des Liebens: „Die Frucht der Liebe reift, wenn die Blüte der Leidenschaft ihre Blätter verliert.“[5]

Wenn man nun alle möglichen Nebenwirkungen des süßen Giftes, also der Verliebtheit, in einem Satz zusammenbringen wollte, hieße er: Verliebtheit und Realität sind Rivalen und die

Macht des einen stellt die Existenz des anderen infrage. Was folgt nun daraus?

Solange du verliebt bist, traue deinen Überzeugungen nicht, lass die Zukunft in Ruhe, plane sie nicht und schaffe keine Fakten. Mach dir stattdessen zum Geschenk, dich zu verlieben, ohne dich zu verlieren.

5.
Mein Bild von dir stammt aus meinem Farbkasten

Die Euphorie, den anderen endlich gefunden zu haben, und das zauberhafte Gefühl der Verliebtheit sind die bunten Blüten des gerade Wurzel fassenden Pflänzchens, also der frischen Beziehung. Nach und nach aber stellt sich heraus, dass dieses Pflänzchen nicht nur Blüten, sondern auch Dornen hat. Deshalb wollen wir uns jetzt auch mit realen Beziehungen beschäftigen, die nicht nur friedliche und harmonische Augenblicke und sonnige Tage, sondern auch Konflikte und Enttäuschungen in sich tragen. Dabei sollen diejenigen Prozesse angeschaut werden, die schon in der Frühphase einer Beziehung ansetzen, ihren Verlauf beeinflussen und zuweilen sogar ihren Ausgang bestimmen. Ein uns bereits vertrautes Beispiel für solche Prozesse ist die Verliebtheit. Es gibt jedoch noch etwas, einen weiteren Prozess, der ebenso wie Verliebtheit von Anfang an die Beziehung prägt, der aber im Gegensatz dazu unterschwellig und gänzlich unbewusst abläuft. Hinzu kommt, dass Verliebtheit im Verlauf der Beziehung an Macht und Zauber verliert, während dieses Etwas an Wirkung und Dominanz gewinnt. Begeben wir uns nun auf die Suche nach diesem Etwas.

Der Mensch ist ein Herdentier und ein soziales Wesen. In allen Bereichen seines Lebens ist er darauf angewiesen, mit anderen Menschen zu kommunizieren und zu kooperieren. In dieser ständigen Begegnung und diesem fortlaufenden Austausch mit anderen ist es als Überlebensstrategie in uns angelegt, so schnell wie möglich zu erkennen, wer einem nutzt und wer einem schadet – also wer Freund und wer Feind ist, entsprechend dem Beute-Jäger-Schema in der Tierwelt.

Um das zu erreichen, machen wir uns Bilder von Menschen. Dieses Konzept basiert, wie bereits erwähnt, auf einem evolutionsbiologischen Prinzip, dessen Wirkung sich vom physischen Überleben bis hin zur sozialen Anpassung erstreckt und den Umgang mit Menschen erst ermöglicht. Diese Bilder gestalten wir, indem wir schon die ersten Signale, die andere senden, mit unserem Maßstab bewerten und entsprechend die ersten Striche unserer Bilder mit den Farben aus unserem Farbkasten ziehen. Es zeigt unsere Bewertung, ob wir fröhlich-bunte oder bedrohlich-dunkle Farben verwenden. Und damit unterscheiden wir unmittelbar zwischen Freund und Feind und können entsprechend handeln. Dass wir aus Menschen Bilder machen ist so essentiell, dass es in der Biologie als „biologisches Ökonomieprinzip" bezeichnet wird.

In weiteren Auseinandersetzungen verdichten sich schon in der Frühphase einer Beziehung die ersten Striche zu einem fertigen Bild, also zu einer relativ abgeschlossenen Auffassung, die man von dem anderen hat. Das ist der Beginn des verborgenen Irrtums von „Man kennt sich jetzt".

Wie alles andere im Leben hat aber auch das Konzept, aus Menschen Bilder zu machen und mit diesen Bildern zu leben, zwei Seiten: eine notwendige und nützliche, die bereits besprochen wurde, und eine destruktive Seite, die wir uns jetzt ansehen wollen. Das Bild vom anderen enthält nicht nur das, was wir an ihm als positiv empfinden, sondern ebenso das, was wir für negativ halten. Wir neigen dazu, in Konfliktsituationen die negativen Seiten dieses Bildes als Ursache der Konflikte zu sehen. Hierzu zwei Beispiele aus Beziehungen, die schon seit längerer Zeit existieren.

Im ersten Beispiel ist der Mann zu Beginn der Beziehung einige Male zu spät zu Verabredungen erschienen oder hat sie kurzfristig abgesagt und einige Vereinbarungen konnte er nicht einhalten. Aus der Summe dieser Ereignisse macht sich seine Partnerin ein Bild von ihm, das ihm den Stempel „Er ist unzuverlässig" aufdrückt. Dieses Bild bleibt und dient auch in Zukunft als Maßstab dessen, wie sie das Verhalten ihres Partners bewertet. Alle Situationen, in denen er unvermeidbar nicht pünktlich sein kann, weil er zum Beispiel durch einen Autounfall aufgehalten wird, ändern ihre Einstellung nicht. Die Bewertung bleibt: „Er ist unzuverlässig."

Im zweiten Beispiel hat ein Mann erlebt, dass seine Partnerin zwei Einladungen, die ihr überhaupt nicht passten, nicht abgesagt hat. Außerdem kaufte sie das Auto, das ihr Vater empfohlen hatte, und nicht das, welches sie selbst haben wollte. Und einen dreitägigen Urlaub, der lange geplant war, sagte sie ab, um einen Kollegen zu vertreten. Das Bild, das er sich nun von seiner Frau gemacht hat, ist: „Sie kann nicht Nein sagen, sich nicht wehren und setzt keine Grenzen. Sie ist schwach."

An einem gemütlichen Abend, als er sich mit seiner Frau einen spannenden Film anschaut, ruft eine ihrer Freundinnen an. Nach dem Telefonat sagt sie unmittelbar: „Ich muss zu ihr fahren!" Der erste Gedanke des Mannes ist: „Typisch! Sie kann wieder nicht Nein sagen." Er ist wütend und enttäuscht, ohne sich auch nur eine Sekunde darüber Gedanken zu machen, warum seine Frau direkt zu ihrer Freundin fährt.

Wie diese Beispiele zeigen, bestimmen die Bilder, die wir uns von anderen Menschen gemacht haben, unsere Wahrnehmung, Bewertung und unsere Erlebnisse –nicht aber die konkreten Ereignisse und der reale Mensch. Dadurch reagieren und handeln wir auf einer Basis, die wenig an der Wahrheit des Augenblickes und der Realität orientiert ist. Da ein Handeln, das in diesem Sinne nicht auf der Realität basiert, immer destruktive Folgen hat, wollen wir uns die Destruktivität dieses Handelns näher ansehen.

Dass jeder Mensch anders ist als jeder andere, ist selbstverständlich und bekannt. Auch dass wir uns ein Bild vom anderen machen und es für den anderen halten, wissen wir jetzt. Aber dieses Wissen ist nur der Samen und noch nicht der Baum, dessen Frucht das Ziel dieses Kapitels ist. Diese Frucht ist die Blüte, die entsteht, wenn die Knospe der Zeit die umhüllenden Blätter der Vergangenheit abgeworfen hat. Wie entsteht nun die Blüte des Augenblickes aus der Knospe der Zeit?

Irgendwelche Ereignisse, Situationen und Erlebnisse führten am Anfang der Beziehung dazu, dass wir uns ein bestimmtes

Bild von einem Menschen gemacht haben; all das aber, worauf dieses Bild basiert, sind Ereignisse und Erlebnisse, die in der Vergangenheit stattgefunden haben. Diese haben wir gesammelt, zu einem Bild geformt und konserviert. Die Ereignisse und Erlebnisse sind zwar vorbei, aber das Bild bleibt und schiebt sich vor die reale Gegenwart und verdeckt sie. Dadurch wirft die Vergangenheit ihren Schatten auf die Gegenwart und erzeugt eine Silhouette, die wir als etwas Reales behandeln. Das heißt, das Bild von dem anderen hindert uns daran, das Vergangene von der Gegenwart zu unterscheiden, denn durch dieses Bild übertragen wir immer etwas Vergangenes auf die Gegenwart. Das erzeugt eine Gleichzeitigkeit, die irreal ist und verhindert, dass die Gegenwart angemessen behandelt werden kann.

Das Ziel ist also eine unverzerrte Wahrnehmung des Augenblickes. Mein Partner, mein ewig vertrauter Unbekannter, fordert mich auf, in jedem Augenblick wach und offen zu sein für das, was in ihm abläuft, ihm so zu begegnen, wie er im Augenblick ist, und sein Handeln als das zu sehen, wozu er in diesem Augenblick in der Lage ist. Und all das Lebendige und Verbindende dieser Augenblicke kann nicht eingeatmet werden, wenn das starre Korsett des Bildes unseren Brustkorb einengt.

Mit diesem Wissen werfen wir noch einen Blick auf die beiden obigen Beispiele. Wenn die Frau im ersten Beispiel nicht das Bild von ihrem Mann hätte, dass er unzuverlässig ist, dann würde sie, wenn er sich verspätet, mit Sorge um ihn reagieren und ihm entsprechend begegnen. Das Gleiche gilt auch für das zweite Beispiel: Wenn der Mann nicht das Bild in sich tragen würde, eine schwache Frau an seiner Seite zu haben, könnte er in dem Wunsch seiner Frau, unmittelbar nach dem Telefonat zu ihrer Freundin zu gehen, ihre liebevolle Grundhaltung und ihre Fürsorge sehen und nicht bloß die Unfähigkeit, „Nein" zu sagen. Wie man sieht: Ohne Bilder, das heißt, ohne verzerrte Wahrnehmung des Partners und ohne die Last der Vergangenheit, laufen Beziehungen empathischer und lebendiger.

Zum Schluss eine Anregung für das Leben von einem unbelebten Objekt: Mein seelenloser Computer hat etwas Segensreiches, denn er besitzt eine Funktion, die mir die größte Freiheit erlaubt. Diese Funktion heißt „Reset". Damit wird alles Nutzlose, Problematische und hoffnungslos Komplizierte, mit einem Wort: die unnötige Last der Vergangenheit, gelöscht und Platz für Neues geschaffen. Dieses Kapitel will darauf aufmerksam machen, dass jede Beziehung in jeder Phase über eine „Reset-Funktion" mit der gleichen befreienden Wirkung verfügt, von der man immer wieder Gebrauch machen kann.

Fazit:

Aus einer biologischen und sozialen Notwendigkeit sind wir dazu prädestiniert, aus Menschen Bilder zu machen und mit diesen Bildern zu leben, weil dies das menschliche Zusammensein vereinfacht. Dennoch hat dieses Konzept seine Schattenseiten. Denn mit den Bildern schleppen wir die Vergangenheit mit und dadurch nehmen wir sowohl unseren Partner als auch seine Reaktionen verzerrt wahr.

Gänzlich unabhängig davon, wie lange deine Beziehung besteht und wie überzeugt du bist, dass du deinen Partner kennst: Sei dir gewiss, du hast ein Bild von ihm. Mag dieses Bild auch in vielen Aspekten und Facetten dem realen Menschen nahe kommen, dein Bild wird dennoch nie das sein, was der andere in seiner Ganzheit ist. Wenn man sich diese Tatsache bei jeder Auseinandersetzung bewusst macht, dann hat man die Möglichkeit, die Dinge realistischer zu sehen und mit der lebendigen und realen Präsenz der Gegenwart die Situationen zu meistern. Ohne starres Bild vom Partner bleibt man flexibel, wach und neugierig. Man begegnet ihm immer wieder neu, wird bereichert durch seine neuen Facetten, und so hält man die Beziehung in voller Lebendigkeit in Gang.

6.
Der Sonnenbrand auf der Seele

In den bisherigen Kapiteln haben wir uns mit den Themen auseinandergesetzt, welche die frühen Phasen einer Beziehung begleiten. Nun suchen wir die Quelle, die nicht nur die Ursache anfänglicher Irrtümer ist, sondern grundsätzlich allen Problemen und Irrtümern zugrunde liegt, die Beziehungen beeinträchtigen.

Dazu folgende Metapher: Aus einem Krug fließt das heraus, was sich darin befindet. Einmal heißt es „Das Leben ist ein Kampf!", und einmal „Ich mache mir die Welt, wie sie mir gefällt". Und wiederum ein andermal „Lieber eiskalt als verletzbar, denn jeder ist ersetzbar", oder „Du bist mein sicherer Hafen und der Sinn meines Lebens", und so weiter. Was aber sind nun diese Krüge, aus denen all das herausfließt?

Es sind Menschen mit unterschiedlichen Persönlichkeiten und daher mit unterschiedlichen Einstellungen zum Leben und zu Partnerschaften. Die obigen Zitate sind natürlich extreme Beispiele; in Wirklichkeit liegen wir alle irgendwo dazwischen. Wie dem auch sei, unsere Persönlichkeit schreibt das Drehbuch für all unsere Rollen – so auch das Drehbuch dafür, wie wir unsere Rolle als Partner spielen. Deshalb sind die Stärken beziehungsweise die Schwächen unserer Persönlichkeit die tragenden Säulen stabiler Beziehungen oder der Sumpf der scheiternden. Stell dir deine Persönlichkeit als eine lange Kette vor. Du weißt, dass jede Kette so stark ist wie ihr schwächstes Glied. Wenn ein Ereignis dein schwächstes Glied berührt, dann wirst du zu dem Sumpf, in dem die Beziehung zu versinken droht. Wenn es aber eines deiner starken Glieder berührt, bist du ein fruchtbarer Boden, auf dem Harmonie und Verbundenheit wachsen.

Um das nachvollziehen zu können, betrachten wir ein Ehepaar. Die Frau ist intelligent und liebevoll. Sie hat einen großen Freundeskreis, zu dem auch einige Kollegen und Kolleginnen gehören. Ihr Partner wittert aber fast hinter jedem Kontakt und jeder Bekanntschaft von ihr mehr als nur Freundschaft. Er kontrolliert seine Frau, verlangt Erklärungen darüber, mit welcher Absicht sie sich mit bestimmten Leuten getroffen hat, verbietet ihr den Kontakt zu diesem oder jenem. Das schwache Glied in der Kette seiner Persönlichkeit ist ein starker Selbstzweifel, der sich in Eifersucht äußert. Obwohl seine Eifersucht, also sein latenter Selbstzweifel, die Beziehung belastet, ist nach seiner Überzeugung nicht seine Sichtweise, sondern das Verhalten seiner Frau die Ursache der Beziehungsproblematik. Solche Fehldeutungen sind typische Beispiele dafür, wie das schwächste Glied der Persönlichkeit einen dunklen Schatten auf die Beziehung wirft und zuweilen all das Schöne und Lebendige in den Hintergrund drängt.

Andererseits ist dieser Ehemann in vielen weiteren Bereichen der Partnerschaft, zum Beispiel was finanzielle Belange angeht oder die Probleme und Belastungen durch ihre familiäre Herkunft, in vollem Ausmaß für seine Frau da und unterstützt sie. Diese Ereignisse berühren die starken Glieder seiner Persönlichkeit, die zum Beispiel in Hilfsbereitschaft, Empathie, Zuverlässigkeit und ähnlichen Wesensmerkmalen bestehen. In diesen Situationen wird er zum Ruhepol der Beziehung.

Nun haben wir einen Zugang dazu, dass nicht die Ereignisse allein, sondern auch unsere Persönlichkeit bestimmt, welchen Verlauf unsere Beziehungen nehmen.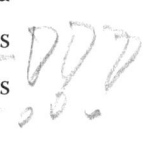

Die konsequente Folge dieser Erkenntnisse ist – radikal und plakativ formuliert: Es gibt keine Beziehungsprobleme! Was man als Beziehungsproblem empfindet, das ist das Erleben des eigenen wunden Punktes in der Beziehung.

Ein Beispiel soll diese Art des Erlebens verdeutlichen. Es ist ein Genuss, wenn man gestreichelt oder massiert wird. Wenn aber jemand einen schlimmen Sonnenbrand hat, ist jede Berührung und Umarmung kein Genuss, sondern unangenehm und schmerzhaft. Weil wir die Ursache unserer Schmerzen, eben unseren Sonnenbrand, kennen, machen wir den, der uns berührt, nicht für unsere Schmerzen verantwortlich. Im übertragenen Sinne hat jeder von uns unvermeidbar irgendwo einen Sonnenbrand auf der Haut seiner Seele, eine Schwäche in der Persönlichkeit, eben einen wunden Punkt. In einer Beziehung berühren sich nicht nur die Körper, sondern auch die Seelen mit all ihren wunderbaren Facetten, aber auch mit ihrem Sonnenbrand. Und weil der Sonnenbrand auf der Haut unserer

Seele weder für uns noch für andere sichtbar ist, fühlen wir zwar den Schmerz, machen aber den anderen, der unseren Sonnenbrand berührt, dafür verantwortlich – und diese von unserem Sonnenbrand herrührenden Schmerzen nehmen wir dann als Beziehungsprobleme wahr.

Wie wir vorhin gesehen haben, ist zum Beispiel der wunde Punkt eines eifersüchtigen Menschen sein geringes Selbstwertgefühl und sein Selbstzweifel. Daher sieht er in einer Reihe von Aktivitäten seiner Partnerin, die eigentlich vollkommen normal sind, eine Missachtung seiner Person und eine geringe Wertschätzung der Partnerschaft. Weil er sich selbst nicht liebt, glaubt er nicht an die Liebe seiner Partnerin. Sein Selbstzweifel findet seinen Ausdruck in dem Zweifel an ihr. Also ist das Problem dieses Mannes nicht ein „Beziehungsproblem", sondern etwas anderes, nämlich das Erleben seines wunden Punktes in seiner Beziehung. Der Schmerz der Eifersucht entsteht durch die Berührung seines Sonnenbrandes.

Die Liste der Dinge, die als „Beziehungsprobleme" empfunden werden, ist natürlich in vielen Beziehungen sehr lang. All diese Dinge haben aber eines gemeinsam: Sie sind das Echo des tobenden wunden Punktes in unserer Seele. Im Alltag einer Beziehung ist es oft jedoch sehr schwierig zu unterscheiden, ob es mein wunder Punkt oder der meines Partners ist oder die wunden Punkte von uns beiden sind, die den Stempel „unser Beziehungsproblem" bekommen. Da diese Zuordnung selten klar ist, also oft nicht geklärt ist, welcher wunde Punkt am Werk ist, kann auch die „Beziehungsproblematik" nicht konsequent behandelt werden. Stattdessen neigen wir dazu, unserem Unbehagen und unseren Konflikten oberflächlich zu begegnen, was eine destruktive Mischung aus Kampf, Hoffnung und Resignation zur Folge hat. Am Rande bemerkt: Nicht nur in Beziehungen, sondern in allen Bereichen des Lebens fällt es uns außerordentlich schwer, zwischen Ereignissen und dem, was wir aus ihnen machen, also unserem Erleben, zu unterscheiden. Mit anderen Worten: Es findet eine geringe Differenzierung zwischen unseren subjektiven Empfindungen und den realen Fakten statt. Natürlich hat jedes Ereignis wie Verlust, Krankheit oder eine Eigenart und ein Verhalten deines Partners eine reale und objektive Wirkung, die unseren Einsatz fordert. Aber ob es ein Kratzen an der Oberfläche bleibt oder tiefer in unsere Seele eindringt, hängt davon ab, wie intensiv und nachhaltig unser wunder Punkt berührt wird, also wie „persönlich" wir es nehmen.

Um einem Missverständnis vorzubeugen, sei noch auf Folgendes hingewiesen: Die Tatsache, dass unsere Persönlichkeit die Ursache unserer Erlebnisse, aber auch die Ursache der von uns empfundenen Beziehungsprobleme ist, heißt nicht, dass du für alle Störungen, Konflikte und Probleme, die du in deiner Beziehung erfährst, verantwortlich bist. Das heißt vor allen Dingen nicht, dass du jedes Verhalten deines Partners mit Demut erdulden sollst, weil all das bloß deine subjektive Empfindung und das mögliche Echo deines wunden Punktes ist. Worauf es ankommt, ist zu erkennen, wie sehr unser wunder Punkt unsere Beziehung bestimmt. Denn dies entscheidet, wann ein klares „Ja" und wann ein entschlossenes „Nein" die Basis meiner Entscheidung sein soll.

Fazit:

Die Kernaussage dieses Kapitels ist, zwischen gesunder Selbstbehauptung und Grenzsetzung einerseits und den diversen Auswirkungen des eigenen wunden Punktes wie Egoismus, Rechthaberei, Gefügigkeit oder Selbstzweifel andererseits zu unterscheiden. Wenn du dich nun fragst: „Woran erkenne ich, ob ich mich in einer Situation angemessen selbst behaupte oder mich durch meinen wunden Punkt in eine destruktive Schlacht hineinziehen lasse, die keine Selbstbehauptung, sondern eine Grenzüberschreitung ist?", bist du gerade dabei, den ersten Schritt auf dem richtigen Weg zu gehen. Denn indem du dir diese Frage stellst, entsteht der nötige Abstand, die wirkenden Kräfte in dir zu erkennen, ohne dem einen oder dem anderen Impuls blind zu folgen. Diese Art von Schauen und Nachdenken gibt dir die Möglichkeit, allmählich deinen wunden Punkt zu erkennen und ihn behutsam zu heilen. In einem Satz: Es ist wichtig, zwischen dem Schmerz und der Ursache des Schmerzes zu unterscheiden, denn der Schmerz ist unser empfundenes „Beziehungsproblem", doch dessen Ursache ist oft der wunde Punkt.

7.
Was ist überhaupt eine Beziehung?

Es schlagen zwei Herzen in meiner Brust: das Herz eines Physikers, der alles Beobachtbare in einem kausalen Zusammenhang erfassen und begründen will; und ein Herz mit mystischen Schwingungen, welches das sucht, was über das Beobachtbare, Funktionale, Gewohnte hinausgeht, eben das Höchste. Wir hören zuerst, was der Physiker zu sagen hat, und gegen Ende des Buches lauschen wir dann auf das Herz, welches das Höchste sucht.

Als Physiker bin ich es gewöhnt, Begriffe klar zu definieren. Da ich auch als Therapeut, Coach und Paarberater tätig bin, habe ich mich nach jahrelanger Auseinandersetzung mit unzähligen privaten und beruflichen Beziehungen gefragt: „Was ist eigentlich eine Beziehung? Und wie kann man sie definieren?" Eine Definition muss knapp und gleichzeitig umfassend sein, das heißt, die Definition einer Beziehung muss alle Varianten und Merkmale, die jegliche zwischenmenschlichen Beziehungen haben können, wiedergeben. Es war ein mühsamer Weg, am Ende fand ich jedoch eine klare Definition. Sie mag zunächst ungewöhnlich, sogar negativ klingen, aber sie ist ungemein nützlich und gibt die Möglichkeit zu neuen Sicht- und Handlungsweisen.

Eine Beziehung ist die Summe der Auseinandersetzungen zwischen zwei Menschen aufgrund ihrer gegenseitigen Abhängigkeiten.

Diese Auffassung von Beziehung stößt zunächst gegen innere Widerstände, weil der Begriff „Abhängigkeit" in der Alltagssprache negativ besetzt ist. Eine Abhängigkeit basiert jedoch immer auf einem Bedürfnis. Wenn wir also den Begriff „Abhängigkeit", der negativ klingen mag, im Sinne von „Bedürfnisbefriedigung" verstehen, wird die Definition von Beziehungen annehmbarer. Zunächst ein paar Beispiele, die zeigen, dass jede Beziehung auf gegenseitigen Abhängigkeiten basiert, die letztlich der Bedürfnisbefriedigung dienen.

Um unseren Lebensunterhalt zu bestreiten, brauchen wir Geld. Also sind wir von unserer beruflichen Tätigkeit und unserem Lohn oder Gehalt, welches wir dafür bekommen, abhängig – ebenso wie auch der Arbeitgeber abhängig ist von unserer Leistung. Wenn wir zum Frühstück frische Brötchen haben wollen, dann sind wir abhängig von dem Bäcker um die Ecke, um dieses Bedürfnis zu befriedigen, so wie der Bäcker von unserem Geld abhängig ist. Im weitesten Sinne hast du auch eine Beziehung zu deiner Zimmerpflanze: Du brauchst ihre Schönheit und sie braucht deine Pflege. All diese Beispiele zeigen, dass Beziehungen auf gegenseitigen Abhängigkeiten basieren.

So plausibel diese Auffassung von Beziehungen auch ist, dennoch fällt es uns schwer, wichtige und emotional geprägte Beziehungen auf bloße gegenseitige Abhängigkeiten zu reduzieren. Es ist verständlich, dass ein Mann, der seine glückliche Ehe als ein großes Geschenk empfindet, und eine Mutter, die mit ihrem Kind voller Liebe verbunden ist, ihre Beziehungen nicht als bloße gegenseitige Abhängigkeiten betrachten wollen und vielleicht auch nicht können. Dennoch hat diese Definition einen Sinn und dient einem Zweck, denn sie will etwas aufdecken, das auch dazu beiträgt, dass dieser Ehemann und diese Mutter ihre Beziehungen weiterhin beglückend gestalten können.

Der Ausgangspunkt ist: Jede Beziehung basiert auf gegenseitigen Abhängigkeiten. Nun stellen wir die Frage, warum Abhängigkeiten manchmal zu einer harmonischen und glücklichen Beziehung führen, aber uns manchmal auch dazu bringen, unsere Beziehung in den Sand zu setzen. Dazu schauen wir uns einmal unsere Abhängigkeiten, also unsere Bedürfnisse als solche näher an. Unser Bedürfnis nach Nahrungsaufnahme ist notwendig, wenn wir weiterleben wollen. Also sind wir von Nahrung abhängig und diese Abhängigkeit ist *per se* natürlich und gesund. Diese gesunde und natürliche Bedürfnisbefriedigung kann jedoch krankhaft unter- oder übertrieben werden, indem der eine zu wenig isst und bis zum Sterben hungert (Magersucht) oder indem der andere durch ein Übermaß an Nahrungsaufnahme an Fettleibigkeit leidet. So entstehen aus einer notwendigen Abhängigkeit und einer natürlichen Bedürfnisbefriedigung destruktive Abhängigkeiten. Es sei darauf hingewiesen, dass grundsätzlich alle menschlichen Bedürfnisse, sowohl die körperlichen als auch die emotionalen, biologisch und sozial notwendig sind – sonst hätte die Evolution diese

Bedürfnisse nicht hervorgebracht. Auf den Punkt gebracht: Jedes Bedürfnis ist als solches im Kern notwendig und natürlich. Nur das Ausmaß, also zu viel oder zu wenig, in dem irgendein Bedürfnis befriedigt wird, kann zu einer negativen Abhängigkeit führen.

Zum Beispiel sind die Bedürfnisse nach Harmonie, Wertschätzung, Anerkennung, Unterstützung und so weiter grundsätzlich schöne und essentielle Bausteine einer Beziehung. Aber genau wie ein Zuviel oder Zuwenig an Nahrungsaufnahme können auch diese gesunden Bedürfnisse durch ein Zuviel oder Zuwenig zu negativen Abhängigkeiten führen. Zum Beispiel führt ein zu massives Bedürfnis nach Zusammengehörigkeit und Harmonie zu einer negativen Abhängigkeit von Zuwendung, Anerkennung und Verbundenheit, während ein zu geringes Bedürfnis nach Zusammengehörigkeit zu einer destruktiven Abhängigkeit von Selbstbehauptung führt, die Distanz und Unverbindlichkeit erzeugt.

Nun schauen wir uns den konkreten Nutzen der Definition an, die eine Beziehung als Summe der gegenseitigen Abhängigkeiten darstellt. Diese Definition ermöglicht uns, zunächst zu klären, aus welchen Bedürfnissen man eine Beziehung eingegangen ist, also uns bewusst zu machen, für welche Abhängigkeiten wir uns unbewusst entschieden haben. Im Weiteren hilft die Definition zu erkennen, welche Abhängigkeiten in einer bestimmten Beziehung überhaupt notwendig sind und ob ihr Ausmaß angemessen ist. Zum Beispiel ist das Bedürfnis nach Anerkennung und Liebe ebenso wie das Bedürfnis, Geld zu verdienen, natürlich und beides führt zu notwendigen Abhängigkeiten. Während es völlig angemessen ist, dass in einer beruflichen Beziehung Geld eine wichtige Rolle spielt, ist in einer Beziehung zwischen Ehemann und -frau dieselbe Gewichtung der Finanzen eine destruktive Abhängigkeit von Geld und ein destruktives Bedürfnis. Umgekehrt ist ein starkes Bedürfnis nach Harmonie, Zuwendung und danach, geliebt zu werden, in einer Beziehung essentiell, während dasselbe Ausmaß in einer Beziehung zwischen Mitarbeiter und Chef zu destruktiven Abhängigkeiten führt.

Nun ein paar Anregungen, wie man aus dem Potential der uns jetzt vertrauten Definition pragmatischen und alltagsfähigen Nutzen für die Gestaltung der eigenen Beziehungen ziehen kann. Wenn man in einer Beziehung Probleme, Verletzungen oder ein Unbehagen empfindet, wenn also der eigene wunde Punkt berührt wird, neigt man dazu, den anderen dafür verantwortlich zu machen, wie wir bereits im vorigen Kapitel besprochen haben. Wenn man aber eine Beziehung als die Summe der Auseinandersetzungen zwischen zwei Menschen aufgrund ihrer gegenseitigen Abhängigkeiten versteht und immer wieder versucht, aus dieser Perspektive seine Probleme zu durchleuchten, kommt man zwangsläufig dazu, auf seinen eigenen Beitrag, also auf seine eigenen Abhängigkeiten und deren Ausmaß aufmerksam zu werden. Denn erst dann kann man angemessener mit diesen umgehen. Die Gedanken aus dem vorigen Kapitel können wir jetzt neu formulieren: Es gibt im Allgemeinen keine Beziehungsproblematik; eine Beziehungsproblematik ist meist das Erleben des eigenen wunden Punktes in der Beziehung – und das ist immer ein „Zuviel" oder „Zuwenig" an Abhängigkeit.

Das Problem liegt im Allgemeinen darin, dass uns noch nicht vertraut und zugänglich ist, welches Ausmaß unserer Abhängigkeiten natürlich und notwendig und welches Ausmaß unnötig und destruktiv ist. Die Schwierigkeit zu erkennen, ab wann man der Gefangene einer negativen Abhängigkeit ist, hängt damit zusammen, dass das Übermaß unserer Abhängigkeiten so sehr zu unserer Routine geworden ist, dass wir sie als solche gar nicht wahrnehmen. So wie ein Fisch das Wasser nicht bemerkt, weil er schon immer darin war, bemerken wir auch unsere Denk- und Handlungsweisen nicht, weil wir schon immer so gedacht und gehandelt haben. Aber das sinnhafte und wirkungsvolle Potential der obigen Definition und die Bereitschaft, sie immer wieder anzuwenden, sind schon die ersten befreienden Schritte aus unserer Routine, das Erkennen unserer destruktiven Abhängigkeiten. Denn auf diese Weise hat man die Möglichkeit, bewusster und konstruktiver seinen Beitrag in der Beziehung zu leisten.

Manchmal hilft Übertreibung, um eine Sache besser zu durchschauen. Deshalb wählen wir nun ein extremes Beispiel, in dem eine extrem destruktive Abhängigkeit die Beziehung prägt: Ein Mann lebt seit einigen Jahren mit einer Frau zusammen. Diese Beziehung empfindet er als sehr unbefriedigend, weil ihm praktisch nichts an dieser Frau gefällt. Dennoch macht er alles, um die Beziehung aufrechtzuerhalten. Dies tut er aus der Überzeugung: „Ich kann ohne sie nicht leben." Diese Abhängigkeit nimmt er selbst gar nicht als solche wahr, sondern er sieht in seinem Fühlen, Denken und Handeln ganz selbstverständlich seinen Lebenssinn und sein Lebensziel. Aber unter uns gesagt: Während das Bedürfnis nach Nähe und Verbundenheit grundsätzlich notwendig, natürlich und daher eine gesunde Abhängigkeit ist, ist ein so starkes Ausmaß von Abhängigkeit extrem destruktiv. Es ist ein typisches Beispiel dafür, wie aus einem natürlichen Bedürfnis eine zwanghafte Abhängigkeit wird, weil ein anderer Mensch zum Sinn und Zweck des eigenen Lebens wird. Seine bewusste Überzeugung: „Ich kann ohne sie nicht leben" basiert auf der unbewussten Einstellung: „Ich kann nicht allein leben." Und das ist, wie wir aus dem vorigen Kapitel wissen, nicht ein „Beziehungsproblem", sondern das Erleben des eigenen wunden Punktes in der Beziehung.

Auch wenn dieser Mann den Zusammenhang zwischen seiner bewussten Überzeugung und seiner unbewussten Einstellung nicht wahrnimmt, ein Unbehagen spürt er dennoch. Und dieses Unbehagen ist immer ein Signal dafür, dass man von einer destruktiven Abhängigkeit getrieben wird. Darüber hinaus geben solche Signale die Möglichkeit, die destruktiven Abhängigkeiten nicht nur zu entlarven, sondern auch zu reduzieren. Wie oben erwähnt: Wenn es diesem Mann gelingt, seinen Drang, andere zum Sinn seines Lebens zu machen, als ein Zuviel an Abhängigkeit wahrzunehmen, dann hat er eine reelle Chance, im

Hinblick auf seine Beziehung eine befriedigende Lösung zu finden und eine sinnvolle und realistische Entscheidung zu treffen.

Es ist menschlich und normal, dass man auf die Frage: „Ist dieses oder jenes Bedürfnis von mir in meiner Beziehung angemessen oder nicht?" nicht immer eine befriedigende Antwort findet. Diese Frage kann deshalb nicht beantwortet werden, weil man die Antwort im Rahmen einer Beziehung sucht, und nicht zunächst bei sich selbst. Das heißt, eine nachhaltige Herangehensweise besteht darin, nicht die Beziehung als Basis und Maßstab für sein Leben zu verwenden, sondern umgekehrt die Fragen: „Wie soll mein Leben sein? Wie möchte ich leben?" zu beantworten und das als Fahrplan für die Beziehung zu sehen. Den richtigen Fahrplan erkennst du daran, dass du den Weg, den er dir weist, in voller Übereinstimmung zwischen Kopf und Herz gehen kannst.

Auf den Punkt gebracht:

Die treibende Kraft, welche die Beziehung zweier Menschen in Gang hält, ist die gegenseitige Befriedigung ihrer Bedürfnisse. Jedes Unbehagen, jeder Schmerz und Konflikt, jedes sogenannte Beziehungsproblem entsteht, wenn die Befriedigung der Bedürfnisse des einen Partners der Befriedigung der Bedürfnisse des anderen entgegenwirkt.

Ein Angebot, solchen Konflikten mit mehr Leichtigkeit zu begegnen, besteht darin, sich erst bewusst zu machen, dass hinter den Vorwürfen, die man seinem Partner macht, ein eigenes Bedürfnis steht. Bevor man dann mit aller Kraft und vollem Einsatz versucht, dieses Bedürfnis zu befriedigen, das heißt, einer Abhängigkeit nachzugehen, sollte man erst prüfen, ob das Ausmaß des eigenen Bedürfnisses überhaupt angemessen ist. Wenn dieser Blick nach innen auch mal schwerfällt – die Mühe lohnt sich, ist es doch der Blick in die richtige Richtung.

Die Botschaft dieses Kapitels bezieht sich nicht nur auf Partnerschaften, sondern sie hat eine globale Gültigkeit für jegliche Art von Beziehung. Denn letztlich ist unser Leben die Summe all unserer Beziehungen. Und je besser unsere Beziehungen sind, umso besser wird auch unser Leben sein.

8.
Wie viel „DU" verträgt ein „ICH"?

Viele Menschen lieben Erdbeeren und viele schwärmen von sonnigen Sommertagen. Dennoch reagieren einige allergisch auf Erdbeeren und manche bekommen an heißen Tagen Kreislaufprobleme. Die Aufzählung dessen, was der eine nicht verträgt, während der andere es liebt, kann beliebig fortgesetzt werden. Deshalb gibt es auf die Frage: „Was kann ein Mensch vertragen?" nur eine Antwort: „Es kommt darauf an." Das bedeutet, man kann diese Frage nicht allgemeingültig beantworten.

Wenn wir nun diese Gedanken auf Beziehungen übertragen, müssen wir die Frage: „Was kann ein Mensch vertragen?" etwas präziser formulieren. Sie lautet dann: „Wie viel Platz hat ein Mensch für seinen Partner? Wie viele Eigenschaften und Eigenarten des anderen kann er vertragen?" Denn wenn zwei Menschen sich begegnen und eine Beziehung eingehen, passiert unvermeidbar Folgendes: Jeder der beiden trägt einen großen Rucksack gefüllt mit Wünschen, Hoffnungen, Zielen, Bedürfnissen, Einstellungen, Erwartungen, Ansprüchen, Gedanken und Gefühlen. Es liegt nahe, dass eine Eins-zu-eins-Übereinstimmung zwischen all dem, was jeder der beiden mitbringt, unmöglich ist. Einige Bedürfnisse, Wünsche und so weiter sind gleich oder ergänzen sich und einige passen nicht zusammen oder widersprechen sich sogar. Nun, was wird aus diesen beiden? Werden sie sich vertragen? Diese Frage können wir nicht schlüssig beantworten. Aber die Idee hinter der Frage, ob diese beiden Menschen sich vertragen werden – oder im Wortlaut des Titels formuliert: „Wie viel ‚Du' verträgt ein ‚Ich'?" –, ist eine gute Idee. Sie macht uns auf einen wichtigen Aspekt in Beziehungen aufmerksam. Diese Frage ist jedoch zu allgemein formuliert und die ebenso allgemeine Antwort: „Es kommt darauf an!" ist nicht befriedigend. Deshalb werden wir anstelle der Frage, wie viel „Du" ein Mensch verträgt, zwei pragmatische Fragen stellen.

Erstens: Wie viel von einem „Du" möchte ich zulassen und akzeptieren?

Zweitens: Wie lerne ich grundsätzlich mehr zu akzeptieren?

Nun also zur ersten Frage: Gibt es eine Grenze für das Ausmaß dessen, was man vertragen kann und will? Das heißt: So viel möchte ich zulassen und mehr nicht. Woran erkenne ich zum Beispiel, wann Anpassung nur Verzicht und Resignation ist und wann ein Reifeprozess? Passe ich mich an, weil ich meine Grenzen nicht behaupten kann oder weil ich mich durch das Integrieren des „Du" erweitere? Auf den Punkt gebracht: Wann ist ein „Ja" und wann ist ein „Nein" das heilige Wort in der Beziehung?

Das folgende Beispiel soll uns der Antwort näherbringen: Ein Ehepaar lebt seit Jahren glücklich miteinander, doch ein Verhaltensmuster der Ehefrau stört den Mann immer wieder. Wenn sie zum Beispiel kocht, reicht es ihr nicht, wenn er während des Essens ihre Kochkunst lobt. Er muss begeistert sein und dies immer wieder euphorisch betonen. Das Gleiche gilt, wenn sie eine neue Frisur hat, ein neues Kleid kauft, einen Film aussucht oder den Urlaub plant. Grundsätzlich muss der Mann in allen Lebensbereichen und Situationen die Prozedur der Bewunderung durchziehen. Das ewige Bedürfnis seiner Frau nach Anerkennung und Lob empfindet er als zwanghafte Aufforderung und sein Entgegenkommen als unnötige Last und widerwillige Pflichterfüllung. Dieser Konflikt, dass er häufig etwas tun muss, was er nicht will, taucht zwar immer wieder auf, dennoch berührt er die Basis der Beziehung nicht. Diese belastenden Augenblicke sind nur ein paar gelbe Blätter an dünnen Ästen, die angesichts der üppigen Schönheit des blühenden Baumes ihrer Beziehung an Bedeutung verlieren. Die Anerkennungssucht seiner Frau ähnelt Windböen, welche die Äste der Beziehung zwar durchschütteln, aber den stämmigen Baum nicht entwurzeln. Es ist nicht nur notwendig, dass wir für ein „Du" mit seinen unvermeidbaren Eigenarten genügend Platz finden – vielmehr bergen Hindernisse zwischen mir und dem „Du" ein Potential in sich. Sie weisen auf scharfe Kanten in der Beziehung hin, die noch geschliffen werden wollen.

Neben solchen Bedürfnissen, deren Befriedigung die Basis der Beziehung nicht berühren, gibt es sehr wohl Bedürfnisse, welche die Basis der Beziehung beeinträchtigen, sie sogar zuweilen infrage stellen. Wie sieht aber solch ein Bedürfnis aus, das zum Prüfstein einer Beziehung werden kann?

Eine 35-jährige Frau hat schon von früher Jugend an davon geträumt, eine eigene Familie mit vielen Kindern zu haben. Sie liebt Kinder. Die Zeit, die sie mit den Kindern ihrer Schwester und ihrer Freunde verbringt, gehört zu den schönsten Augenblicken ihres Lebens. Irgendwann geht sie eine Beziehung mit einem Mann ein, der ihr auf allen Ebenen gefällt. Er ist liebevoll, attraktiv, erfolgreich, liebt sie über alle Maßen und sie fühlt sich mit ihm zutiefst verbunden. Dennoch schlummert ein tiefliegender Konflikt in dieser Partnerschaft: Ihr Partner wollte niemals und will auch jetzt auf keinen Fall Kinder haben. Obwohl jeder von ihnen ein Recht auf sein Bedürfnis hat, widersprechen sich ihre Bedürfnisse und die Befriedigung des einen Bedürfnisses schließt die des anderen aus. Das ist ein nachhaltiger Konflikt. Jede Geburt im Umfeld dieser Frau belebt ihre Sehnsucht, unbeschwert spielende Kinder streuen Salz in ihre Wunde und glückliche Familien mit Kindern sind ein Abbild ihrer Sehnsucht.

Wie sieht nun der Fortgang dieser Beziehung aus?

Eine Möglichkeit ist, dass die Frau sich all diese schmerzenden Bilder bewusst macht und eine tiefe innere Weigerung dabei spürt. So wird sie trotz ihrer Gefühle für ihren Partner spüren, dass sie nicht Ja zu diesem „Du" sagen kann, und beendet diese Beziehung.

Eine andere Möglichkeit wäre, dass sie trotz ihres Wunsches nach eigenen Kindern „Ja" zu ihrem Partner sagt und sozusagen das „Du" zu ertragen versucht. Doch bloßes Ertragen bringt es unweigerlich mit sich, dass die strahlende Sonne ihrer Beziehung in die Ferne rückt und nicht mehr wärmt. Sie hofft, der Zauber der Liebe würde sie miteinander verschmelzen, aber die Wunde der Kinderlosigkeit bleibt und schmerzt. Wenn sie älter wird und eines Tages nicht mehr arbeitet, wird sie sich mit Bitterkeit eingestehen müssen, dass weder Gartenpflege noch Yogakurse, nicht einmal eine Weltreise oder Ähnliches die Lücke der fehlenden Kinder füllen können.

Eine weitere Möglichkeit ist, dass sie sich all diese negativen Gedanken bewusst macht, aber gleichzeitig spürt, dass die Liebe zu ihrem Partner unermesslich viel größer und tiefgreifender ist als ihr Bedürfnis nach Kindern. Ihre Vision ist die tiefste Überzeugung, dass die Wärme ihrer Liebe den Eisberg der Kinderlosigkeit schmelzen wird, verbunden mit der Gewissheit, dass sie sich nicht bloß etwas vormacht und selbst belügt. So wird sie nicht nur mit ihrem Mund, sondern mit dem ganzen Herzen „Ja" zu ihrem Partner sagen und eine erfüllende Beziehung erleben.

Eine solche Entscheidung zu treffen, die sogar die eigenen vitalen Interessen überwindet, ist nicht nur ein Zeichen der inneren Stärke, sondern ein Schub der Reife und des Wachstums. Das Wesentliche bei dieser letzten Möglichkeit ist das ausgeprägte Ur- und Selbstvertrauen dieser Frau, das ihr erlaubt, ihren eigenen Urteilen zu trauen und danach zu handeln. Das ist ihre „innere Freiheit". Das heißt, nicht ein tief verwurzeltes Bedürfnis bestimmt ihren Weg, sondern sie selbst bestimmt, welches ihrer Bedürfnisse die oberste Priorität haben und die Basis ihrer Entscheidung sein soll. Die innere Freiheit ermöglicht als oberste Instanz, klar zwischen Illusion und Vision, zwischen Akzeptieren und Resignieren zu unterscheiden und entsprechend zu handeln.

Vor diesem Hintergrund widmen wir uns nun der zweiten Frage: Was soll man machen, damit man grundsätzlich mehr vertragen kann, flexibler, anpassungs- und damit unter anderem beziehungsfähiger wird? Wie lernt man die Kunst, belastende Ereignisse zu bewältigen und dem anderen mit seinen Bedürfnissen und Ansprüchen, mit seinen Stärken und Schwächen, gerecht zu werden, ihn gelten zu lassen, ohne sich selbst dabei untreu zu werden? Denn der Platz, den ich für das Schicksal und den anderen in mir schaffe, ist die Erweiterung meines Horizontes.

Als Antwort auf diese Frage soll folgende Metapher dienen: Wenn du am Ufer eines Ozeans stehst, siehst du seine Grenzen nicht. Seine Grenzen liegen weit hinter dem Horizont und aufgrund seiner unermesslichen Größe hat er viel Platz und kann vieles vertragen. Ein Swimmingpool ist im Vergleich dazu sehr klein, aber groß genug für viele schöne und angenehme Möglichkeiten. Da muss schon einiges passieren, bis das Wasser umkippt. Und ein Teelöffel ist winzig und schon mit ein wenig Spucke voll.

Mit dieser Metapher können wir nun den Gedanken, was ein Mensch vertragen beziehungsweise akzeptieren kann, auch so formulieren: Wie weit reichen die Dimensionen eines Menschen? Entweder ist ein Mensch ozeanisch, das heißt, er ruht in sich und hat eine reife Persönlichkeit. Seine innere Freiheit schreibt das Drehbuch seines Lebens – und nicht das Schicksal. Oder seine Dimension hat das Ausmaß eines Pools. Er ist also in vielen Lebensbereichen flexibel und kann einiges verkraften und daher in vielen Situationen Kompromisse schließen. Da ist schon Platz für Selbstkritik und Empathie. Oder er hat das Volumen eines Teelöffels. Da ist kein Raum für Anpassung, geschweige denn für Empathie; seine Erwartungen sind größer als seine Einsicht und sein Beitrag kleiner als seine Forderungen und Bedürfnisse. Kurz, die Realität soll sich seinem Teelöffel anpassen.

Nun, zwischen dem winzigen Teelöffel und dem riesigen Ozean gibt es ein breites Spektrum und beliebig viele Möglichkeiten. Diese Vielfalt kannst du nun als Landkarte verwenden und schauen, wo du stehst und wie weit deine Dimension reicht. Das heißt, du erfährst deinen „Ist-Zustand" und kannst die Wahl treffen, wie dein „Soll-Zustand" sein soll. Erinnerst du dich noch an die „Reise nach Italien?" Je besser du deinen „Ist-Zustand" kennst, umso genauer kannst du die Richtung zu deinem gewählten „Soll-Zustand" bestimmen. Das Wort „Soll" darf dich natürlich nicht irreführen, in dem Sinne, dass du etwas ganz Bestimmtes erreichen musst. Vielmehr ist der „Soll-Zustand" eine Vision, wie du sein möchtest: Wie viel Platz möchte dein Herz in sich tragen? Wie viel Empathie, Verständnis und Akzeptanz möchte es schenken?

Hier mag uns wohl die Überzeugung, die uns glauben lässt, dass unser gewünschter „Soll-Zustand" ein zu hoher Anspruch und etwas Irreales ist, Unbehagen bereiten. Dies kann jedoch behoben werden, wenn wir uns Folgendes bewusst machen: Es ist gar nicht so abwegig, dass wir hin und wieder den Fehler begehen, uns in einer Situation zu überschätzen. Aber ein großer Irrtum, dem wir immer unterliegen, ist: Wir *unter*schätzen unser Potential. Doch gerade die Entfaltung unseres Potentials bestimmt die Dimension unseres „Soll-Zustandes". Unsere Möglichkeiten sind viel, viel mehr als die von uns empfundene Realität. Dies soll dich begleiten, wenn du dir Gedanken um deinen „Soll-Zustand" machst.

Das Ausmaß dessen, wie viel man vertragen kann und was zu viel ist, hängt also grundsätzlich nicht von der Sache, sondern von dem Menschen selbst ab. Denn die Persönlichkeit entscheidet, ob die Fähigkeit zu akzeptieren oder die Neigung zu resignieren überwiegt.

Auf den Punkt gebracht:

Es ist ein Fakt, dass die Bedürfnisse, Wünsche und Vorstellungen zweier Menschen nie absolut übereinstimmen. Es ist aber auch ein Fakt, dass es trotzdem viele Paare gibt, die in Liebe und Harmonie ihr ganzes Leben zusammen verbringen. Also basiert diese Harmonie nicht auf der Übereinstimmung ihrer Interessen, sondern auf der besonnenen Art, wie sie mit Situationen umgehen, wenn sich ihre Interessen widersprechen.

Ein besonnener Umgang bedeutet hier eine bewusste Auseinandersetzung mit den beiden Fragen: Wie viel „Du" möchte ich zulassen und akzeptieren? Und: Wie lerne ich grundsätzlich, mehr zu akzeptieren?

Die Antworten auf diese beiden Fragen haben im Kern etwas Wichtiges gemeinsam: Es ist meine Wahl und meine Entscheidung, wie groß meine Dimension sein soll. Denn je größer meine Dimension, umso leichter der Übergang vom Ertragen zum Akzeptieren.

9.
Vom guten Ruf der Hoffnung

Hoffnung scheint ein Zaubermittel zu sein. Einmal spendet sie Trost und Gelassenheit und ein andermal ist sie Ansporn und gibt Kraft. Dem Umstand, Allheilmittel zu sein, verdankt sie ihren Zauber, ihre Macht und ihren guten Ruf. Aber all das ist nur die eine Seite der Hoffnung, denn Hoffnung hat eine Kehrseite: Sie kann auch trügerisch, destruktiv und lähmend sein. Aber am giftigsten wirkt die Hoffnung, wenn sie sich als Schutzmauer gegen Angst tarnt. Nun schauen wir uns ein paar Beispiele an, welche die Kehrseite der Hoffnung offenlegen.

Eine meiner Gesprächspartnerinnen, eine Frau mittleren Alters mit einer interessanten Tätigkeit und attraktiv, schilderte mir ihr Befinden wie folgt:

„Ich schlafe schlecht, bin oft müde, meine Arbeit leidet unter meiner Konzentrationsschwäche, ich fühle mich ohnmächtig und zornig."

Auf der Suche nach der Ursache dafür stellte sich heraus, dass ihre durch Enttäuschung und Bitterkeit belastete Beziehung wesentlich zu ihrer Befindlichkeit beitrug. Ein Dialog zwischen uns soll die Dynamik ihrer Beziehung wiedergeben.

„Was empfinden Sie für Ihren Partner?"

„Ich liebe ihn."

„Und er Sie?"

„Auch."

„Wie lange sind Sie zusammen?"

„Acht Jahre und fünf Monate."

„Sind Sie verheiratet?"

„Nein, aber er ist bereits seit 20 Jahren verheiratet und hat zwei Kinder, die er abgöttisch liebt."

„Und wie gehen Sie damit um? Was bedeutet das für Sie?"

„Ich empfinde es als eine große Belastung. Aber wir lieben uns und wir wären auch schon längst zusammengezogen, wenn ihn nicht immer wieder etwas daran gehindert hätte, sich von seiner Frau zu trennen."

„Was waren das für Hindernisse, die ihn von so einem wichtigen Schritt abgehalten haben?"

„Als wir ein Jahr zusammen waren, haben wir ernsthaft geplant, dass wir zusammenziehen. Er fand diese Idee wundervoll, aber den Zeitpunkt ungünstig, weil sein Sohn eingeschult wurde und er erst einmal bei der Familie bleiben musste. Zwei Jahre später, als es wieder ums Zusammenziehen ging, wollte er noch warten, bis die Renovierung seines Hauses fertig sein würde, und begründete dies so: ‚Wenn ich schon meine Familie verlasse, soll sie wenigstens eine vernünftige Bleibe haben.' Ich habe sehr darunter gelitten, aber auch diesen Grund habe ich hingenommen. Es ist wirklich schrecklich. Ich liebe ihn und die wenigen Augenblicke, die wir miteinander verbringen, sind wunderschön und wir sind uns so nah. Aber er ist bei seiner Familie, während ich Tage und Wochen alleine bin und auf einen Anruf und ein kurzes Wiedersehen warte und hoffe."

„Aber die Renovierung des Hauses ist bereits fünf Jahre her. Was ist dann passiert?"

„Im Prinzip hat sich nichts geändert. Nach wie vor wollen wir zusammenleben, aber immer wieder hat er Gründe, aus denen er diesen Schritt nicht tut. Erst war es die Einschulung und die Renovierung, dann war seine Frau krank und danach war dieses und jenes. Sein jetziger Grund, warum wir immer noch nicht zusammenziehen, ist: In seiner Firma wird umorganisiert, was immer mit Machtkämpfen und Bauernopfern verbunden ist. Er sagt, er muss aufpassen, damit er in der neuen Organisation Fuß fasst, und kann sich eine zweite Baustelle nicht leisten."

„Und was schwebt Ihnen jetzt vor?"

„Ich bin wirklich sehr sauer und werde ernsthaft mit ihm reden müssen."

„Haben Sie denn in den letzten acht Jahren nicht ernsthaft mit ihm geredet?"

„Schon. Aber diesmal werde ich ihm sagen, dass es so nicht weitergeht."

„Wenn nicht so, wie soll es dann weitergehen? Was stellen Sie sich vor?"

„Ich hoffe, dass er endlich das umsetzt, was er mir seit Jahren verspricht, und sich von seiner Frau trennt, damit wir endlich zusammen unter einem Dach leben wie ein richtiges Paar."

„Ja, diese Gedanken haben etwas Tröstliches. Aber wie lange wollen Sie noch so denken und wie lange wollen Sie noch hoffen?"

„Aber ich liebe ihn doch."

„Es ist schön und in Ordnung, dass Sie ihn lieben. Aber das beantwortet nicht die Frage, wie lange Sie noch hoffen möchten. Was ist, wenn es noch weitere acht Jahre oder auch länger so weitergeht?"

„Sagen Sie das bloß nicht! Ich gebe zu, unsere Beziehung läuft nicht optimal, und ich habe höllische Angst, ihn ganz zu verlieren. Dieses ewige Warten macht mich krank. Aber was kann ich schon tun? Er muss sich entscheiden. Ich kann nur hoffen."

Die Hoffnung, welche diese Frau hegt und pflegt, hat keine einzige der positiven Eigenschaften, die am Anfang genannt wurden. Hier dient Hoffnung nicht als ein wirksames Mittel gegen Resignation, hier spendet sie keinen Trost und führt nicht zu Gelassenheit. Sie macht eher ohnmächtig und raubt die Kraft und Entschlossenheit für die nötige und unvermeidbare Entscheidung. Das trügerische Potential der Hoffnung ist ein mächtiger Protagonist in diesem Drama. Hier kommt ihr geballtes Gift zum Tragen, weil sie als Schutzmauer gegen Angst dient – Angst vor Trennung. Unbewusst macht sich diese

Frau ihre vehemente Trennungsangst durch ihre Hoffnung erträglicher. Solch eine Hoffnung ist jedoch der Wegbereiter und Verbündete der Angst, sogar ihre Quelle. Hoffnung ist hier der Motor, der die Angst, Ohnmacht und Resignation in Gang hält. Oder anders gesagt: Hier wirkt die Hoffnung als Bremse für die Selbstbehauptung, Persönlichkeitsentfaltung, innere Freiheit und Selbständigkeit. Nun stellt sich die Frage, warum die letztliche Entscheidung dieser Frau nur ein destruktives Hoffen ist.

Weil sie durch ihre Grundeinstellung, ihre Persönlichkeit, zu Passivität neigt. Deshalb folgt sie unbewusst dem Leitgedanken: „Leiden ist einfacher als Verändern. Und nicht ich selbst, sondern ein anderer ist für mein Leben verantwortlich." Diese in ihr herrschende Überzeugung bewirkt, dass sie sich, um diesen anderen nicht zu verlieren, mit ihrer Unzufriedenheit und ihrem Unglück abfindet und ihr Verhalten mit einem „Ich liebe ihn ja!" begründet und rechtfertigt. Sie weiß noch nicht, dass Liebe niemals zu Resignation und Verzweiflung führt. Diese Frau verbirgt ihre destruktive Abhängigkeit, ihre übermäßige Neigung, einen anderen zu brauchen, unter dem Schleier der Liebe – und wird dadurch von ihrem inneren Richter von jeder Schuld freigesprochen und kann ihr Gesicht wahren. In dem Dialog zwischen Liebe und Verliebtheit aus dem Buch *Ein Tag mit der Liebe* wird dieses Dilemma in einem Satz zusammengefasst: „Was man braucht, kann man nicht lieben."[6] Diese Frau vermeidet durch ihr „Liebesbekenntnis" eine notwendige und endgültige Entscheidung, zum Beispiel die Entscheidung:

„Wenn er bis dann und dann nicht endgültig Ja zu mir sagt und mit mir zusammenzieht, dann beende ich diese Beziehung." Aber um dem anderen so zu begegnen, muss man erst in sich selbst diese Entscheidung treffen und davon überzeugt sein. Doch das Wagnis der Freiheit, die volle Verantwortung für ihr Leben zu übernehmen, ist für diese Frau scheinbar noch zu bedrohlich. Aus dem natürlichen Bedürfnis nach Verbundenheit macht sie deshalb ein zwanghaftes Klammern. Die Angst, diesen Mann zu verlieren, ist für sie die Angst, ihre Basis zu verlieren. Deshalb ist sie überzeugt, sie könne es sich nicht leisten, diese Beziehung zu beenden. Ihre nonverbale Überzeugung: „Ich verlasse dich nie!" ist viel nachhaltiger und wirkungsvoller als ihre verbalen Proteste. Selbst wenn ihr Mund „Nein!" sagt, steht doch auf ihrer Stirn „Ich mache weiter!" Und das ist es, was bei ihrem Partner ankommt.

Bei einem Rückblick auf die Frage „Wie viel ‚Du' verträgt ein ‚Ich'?" sieht man, dass man mit solchen Einstellungen und einem Übermaß an destruktiven Hoffnungen viel Platz für den anderen schafft. Man verträgt scheinbar sehr viel – aber zu welchem Preis?

So wie die gute Seite der Hoffnung viele verschiedene Facetten hat, so hat auch ihre Kehrseite viele Gesichter. Das folgende Beispiel soll eine weitere Schattenseite der Hoffnung aufzeigen: Ein Paar ist seit elf Jahren zusammen und seit sechs Jahren verheiratet. Die Ehefrau litt schon von Anfang an, also bereits vor der Ehe, darunter, dass ihr damaliger Freund und heutiger

Ehemann zu viel trinkt. Sie behauptet sogar, er sei ein Alkoholiker, aber er sehe das nicht ein. Der Ehemann ist dagegen der Meinung:

„Weder meine Arbeit noch mein Sozialleben leiden darunter, dass ich manchmal trinke. Aber meine Frau macht daraus ein Drama. Sie und ihre Mutter haben unter dem Alkoholproblem ihres Vaters sehr gelitten und die Ehe ihrer Eltern ist auch deshalb gescheitert. Sie schleppt jetzt ihre schlechten Erfahrungen aus ihrem Elternhaus in unsere Ehe mit und hat Angst, das Gleiche noch einmal erleben zu müssen. *Das* belastet unsere Ehe – und nicht mein Alkoholkonsum. Ich hoffe so sehr, dass sie das endlich einsieht."

Hier sind nun zwei Menschen, und jeder von ihnen folgt seiner eigenen Hoffnung. Die Ehefrau hofft seit elf Jahren, dass ihr Mann sich ändert und nicht mehr trinkt. Der Ehemann hofft ebenso seit elf Jahren, dass seine Frau aufhört, die Probleme aus ihrer Kindheit in ihre Ehe zu tragen. Wie geht es mit den beiden nun weiter? Auf alle Fälle ist Fakt, dass beide seit elf Jahren immer wieder das Gleiche erfahren, nämlich: Der andere ändert sich nicht. Und diese bittere Realität versuchen sie mit ihren Hoffnungen zu kompensieren, das heißt, die unglückliche und belastende Beziehung durch ihre Illusion erträglicher und annehmbarer zu machen. Das Kompensieren funktioniert; deshalb sind sie auch nach elf Jahren immer noch zusammen, aber eben zu dem hohen Preis einer unglücklichen Ehe, den sie der Schattenseite ihrer Hoffnungen verdanken. Wir wollen uns nicht damit aufhalten, wie groß die Wahrscheinlichkeit ist, dass der andere sich ändert, sondern nach den Möglichkeiten und der Wahl fragen, die dieses Paar hat, sich durch eine Entscheidung von der illusorischen Hoffnung zu befreien. Das heißt konkret, dass sie entweder ihren Partner so akzeptieren können, wie er ist, denn mit dieser Entscheidung hätten sie eine harmonische Beziehung. Oder sie beenden diese Beziehung. Oder sie hoffen weiter. Das Recht dazu haben sie. So aber zelebrieren sie die Schattenseiten ihrer Hoffnungen viele Jahre lang weiter.

In jeder Beziehung, in der man über längere Zeit unter dem Verhalten des Partners leidet, schwingt unterschwellig die Frage mit, wie man sich verhalten soll. Soll man weiter hoffen und mitmachen oder einen Schlussstrich unter die Beziehung setzen? Zunächst: Weder noch. Wenn man einen Menschen wirklich liebt – und darunter verstehe ich, dass man ihn nimmt, wie er ist, und zu ihm steht –, dann ist man automatisch bereit, sein Verhalten zu akzeptieren, und kann die Beziehung fortsetzen und damit auch glücklich sein. Akzeptieren, das hier ein Ausdruck der Liebe ist, ist ein Geschenk. Ein Geschenk an den Partner, weil man in seinem Herzen Platz für ihn geschaffen hat, und ein Geschenk an sich selbst, weil man durch ihn erfüllt ist. Wenn aber die Liebe zu einem uneingeschränkten Ja nicht reicht und man das Verhalten des Partners nicht akzeptieren möchte – auch hierzu hat man das Recht –, und wenn sich die Hoffnung als Illusion erwiesen hat, dann ist der Weg der Beziehung an der Gabelung der unausweichlichen Entscheidung angekommen. Mit den Worten aus dem vorigen Kapitel: Es ist die Entscheidung des „Ich", wie viel „Du" es zulassen möchte.

Es ist menschlich und kommt auch häufig vor, dass man wegen des Chaos von sich widersprechenden Gefühlen und Gedanken, Wünschen und Hoffnungen, vertrauten Gewohnheiten und Routinen und dem Wunsch nach Veränderung hin- und herschwankt und dadurch nicht in der Lage ist, eine Entscheidung zu treffen. Anstatt diesen Schwebezustand passiv und resigniert hinzunehmen, hat man immer die rettende Alternative, bewusst und kraftvoll die Entscheidung zu treffen: „Ich treffe jetzt keine Entscheidung!" Die bewusste Entscheidung, keine Entscheidung zu treffen, ist eine Atempause und bringt die Gelassenheit und die Geduld, die angemessene Entscheidung in sich reifen zu lassen. Wenn man aufhört, in dem trüben Glas der Beziehung unentwegt zu rühren, setzt sich das Schwere am Boden ab und das Leichte steigt nach oben. In der ungetrübten Klarheit der Mitte, befreit vom Zwang einer unmittelbaren Entscheidung, kann der Blick für das Wesentliche frei werden. Und aus dem Wesentlichen kristallisiert sich die Entscheidung von selbst heraus. Denn eine besonnene Berücksichtigung aller Möglichkeiten in voller Übereinstimmung mit der Realität führt unweigerlich zu der Entscheidung, welche die beste ist. Mit anderen Worten: Die Entscheidung ergibt sich automatisch aus dem Zusammenwirken aller emotionalen und sachlichen Fakten. In diesem Sinne ist die beste Entscheidung diejenige, die man erst gar nicht zu treffen braucht.

Um eine Entscheidung mit mehr Leichtigkeit zu treffen und umzusetzen, ist es außerordentlich wichtig, sich darüber klar zu werden, dass jede Entscheidung aus einer Scheidung, also aus einer Trennung und einem Abschied entsteht. Das heißt, wenn man sich damit schwertut, sich zu ent-scheiden, sollte man sich ernsthaft fragen, wovon man sich nicht scheiden, also nicht trennen will. Häufig sind es Glaubenssätze und Überzeugungen, die einem nicht direkt bewusst sind und von denen man sich ungerne trennt. Es gibt aber Gedanken, die hier Licht und Klarheit in die verwirrende Mischung aus Illusion und Realität, widersprüchlichen Gefühlen, Hoffnung und Enttäuschung bringen. Je mehr man diese Gedanken beherzigt, je mehr aus diesen Gedanken Überzeugungen werden, umso mehr wird aus dem Zaudern Handeln und aus Hoffnung Entscheidung. Je nach dem persönlichen Geschmack und der jeweiligen Befindlichkeit kann man den einen oder anderen Gedanken als Leitfaden nehmen:

Niemand ist auf die Welt gekommen mit der Pflicht und der Verantwortung, dich glücklich zu machen – und umgekehrt. Und wenn jemand zu deinem Glück beiträgt, ist dies ein Geschenk und auf ein Geschenk hast du keinen Anspruch.

Hoffe nicht, dann hat das Schicksal keine Macht über dich.

Wir können das Schicksal nicht daran hindern, seine Melodien zu spielen. Aber wir müssen nicht danach tanzen.

Jeder ist so, wie er ist. Man hat nicht das Recht, den anderen zu ändern – abgesehen davon, dass dies kaum möglich ist. Au-

ßerdem kann man nur mit der Realität glücklich werden. Die Realität in solchen Fällen ist: Der andere ist, wie er ist. Mit der Realität leben heißt deshalb, entweder die Dinge zu ändern, die einem nicht gefallen, oder sie zu akzeptieren, wenn man sie nicht ändern kann. Die notwendige Voraussetzung für beide Möglichkeiten ist, dass sich Kopf und Herz einig sind.

Nachdem nun schon so viel von Akzeptieren und Resignieren die Rede war, stellt sich die Frage, woran du erkennen kannst, ob du eine Situation akzeptiert hast oder ob du bloß resigniert bist. Denn Akzeptieren und Resignieren tragen öfter das gleiche Kleid und es fällt nicht immer leicht, das eine von dem anderen zu unterscheiden, obwohl sie im Kern von gänzlich verschiedenem Charakter sind. Doch woran merkt man diesen Unterschied? An einer Wut, die den Hals zuschnürt. Was das aber bedeutet, wird im folgenden Beispiel verdeutlicht. Zwei Menschen sagen über ihre jeweilige Beziehung: „Etwas an meinem Partner ist nicht so, wie ich will. Aber ich setze die Beziehung fort." Also machen beide das Gleiche. Doch der eine ist innerlich ruhig, zufrieden und gelassen. Der andere dagegen kocht innerlich, ist genervt und hat einen dicken Hals. Das ist der Unterschied zwischen Akzeptieren und Resignieren, den man, wie schon gesagt, am Hals spürt: Der Erste hat die Situation und seinen Partner akzeptiert, der Zweite schluckt, was ihn stört, macht nichts dagegen und ist resigniert. Wie man sieht: Resignieren ist das bittere Gefühl der Hoffnungslosigkeit, während Akzeptieren nicht einmal Hoffnung braucht.

Fazit:

Hoffnung ist, wie auch alles andere im Leben, ein Blatt mit zwei Seiten. Im Allgemeinen denkt man jedoch bei Hoffnung nur an ihre gute Seite – jene Seite, die Trost, Kraft und Stärke vermittelt. Sie hat jedoch auch ihre Schattenseite. Da ist die Hoffnung ein Verbündeter der Angst, eine Quelle der Ohnmacht und Lähmung. Der Zauber der Hoffnung, ihre gute Seite, entfaltet sich erst, wenn man eine Entscheidung trifft, bei der sich Kopf und Herz einig sind, und sie umsetzt. Erst wenn man also seinen Beitrag geleistet hat und nicht mehr wartet, ist die Hoffnung, dass es vielleicht anders wird, eine gute Hoffnung. Dies gilt auch für Fälle, die man nicht in der Hand hat, zum Beispiel für den Verlust von unwiederbringlichen Dingen wie die Frische und die Kraft der Jugend oder von geliebten Personen. In solchen Fällen lautet die Entscheidung, es zu akzeptieren. Denn mehr können wir nicht tun und das ist unser ganzer Beitrag. In einem Satz: Hoffnung vor einer Entscheidung ist eine hemmende Last, während sie nach der Entscheidung zur Quelle von Trost, Kraft und Handeln wird.

10.
„Es" ist ein Wurm in der Beziehung

„Wie spät ist es?"

„Es ist acht Uhr."

„Es" ist ein unverzichtbarer Bestandteil beider Sätze. Ohne dieses „Es" können sie nicht formuliert werden und man bekommt nicht die Information, die man benötigt. Die Verwendung eines solchen „Es" ist vertraut, normal und notwendig. Anders verhält es sich jedoch mit „Es" in dem folgenden Dialog:

„Warum ziehst du dein Hemd aus?"

„Weil es warm ist."

Hier ist die Verwendung von „Es" zwar normal, aber nicht ganz richtig, denn „Es" ist weder warm noch kalt – der Sprecher drückt lediglich seine subjektive Empfindung aus. Eine differenzierte Antwort wäre: „Mir ist warm." In solchen und ähnlichen Fällen ist „Es" zwar fehl am Platz, aber es verwirrt nicht, denn jeder weiß, was gemeint ist.

Kritisch wird „Es" bei solchen Sätzen wie: „‚Es' geht nicht." Denn hier ist nicht klar, auf wen oder was „Es" sich bezieht: auf einen subjektiven Prozess oder objektive Fakten. Vielleicht ist mit „‚Es' geht nicht" gemeint: „Ich will nicht, ich kann nicht." Oder gar: „Ich traue es mir nicht zu." Und mit einem solchen „Es" vermeidet man die Auseinandersetzung mit der Realität, die man selbst erzeugt – und damit eine Auseinandersetzung mit sich selbst. Natürlich geht es nicht um das Wort „Es". Es geht also nicht darum, das Wort „Es" in bestimmten Situationen zu vermeiden, sondern es geht um die unbewusste Haltung, die im „Es" ihren Ausdruck findet.

Die Tragweite einer solchen Einstellung, die auch in Beziehungen durch „Es" zum Ausdruck kommt, soll durch das folgende Beispiel verdeutlicht werden. Eine Frau ist seit 14 Jahren glücklich verheiratet. Sie und ihr Ehemann lieben sich und sind nach ihren besten Möglichkeiten füreinander da. Sie haben großes Vertrauen zueinander und können sich aufeinander verlassen. Nun macht diese Frau mit einer Freundin einen Kurzurlaub. Dort begegnet sie einem Mann, mit dem sie des Öfteren nett plaudert. Eine dieser Unterhaltungen bekommt einen erotischen Touch und endet damit, dass sie mit ihm intim wird. Unmittelbar danach bekommt sie ein furchtbar schlechtes Gewissen und dieses Ereignis belastet sie sehr. Als sie wieder nach Hause kommt und ihr Mann sie liebevoll umarmt, nimmt ihr schlechtes Gewissen noch weiter zu. Ihr Schamgefühl hindert sie daran, die Zärtlichkeiten ihres Mannes offen zu empfangen. Sie wirkt auffällig verändert. Ihr sensibler Mann bemerkt das natürlich, und da diese Veränderung wochenlang anhält, ist er schließlich so irritiert, dass er sie direkt darauf anspricht:

„Ist etwas passiert? Du bist seit deinem Urlaub wie ausgewechselt. Was ist los? Bedrückt dich irgendetwas?"

„Ja", sagt sie und setzt betroffen fort:

„Während des Urlaubs bin ich einem Mann begegnet. Wir haben uns öfter nett unterhalten. An einem Abend haben wir vielleicht etwas zu viel getrunken und auch ein wenig getanzt. Für mich war das alles noch harmlos. Als dann die Hotelbar geschlossen hat, sind wir noch kurz zu ihm aufs Zimmer, auf ein letztes Gläschen aus der Minibar. Dort haben wir dann doch noch ein bisschen weitergetrunken und etwas enger getanzt. Und dann ist es passiert."

Dieses Geständnis trifft den Mann wie ein Blitz aus heiterem Himmel. Das Vertrauen, das er zuvor in seine Frau hatte, ist erschüttert. Ihre Bekundungen, dass sie dies nicht geplant habe, beruhigen ihn nicht im Geringsten. Warum? Auf dieses Warum gibt es grundsätzlich mehrere Antworten. Für das, was dieses Kapitel vermitteln will, ist jedoch folgende Antwort von Bedeutung: Er ist nachhaltig beunruhigt, weil die Erklärung seiner Frau in ihm unbewusst die Überzeugung weckt, dass sie keine Kontrolle über ihre Handlungen hat. Diese Überzeugung zieht ihre Vehemenz und Nachhaltigkeit aus der Formulierung seiner Frau: „Dann ist ‚Es' passiert."

Dieser Satz heißt im Kern: „Ich hatte keinen Einfluss darauf. Das Ereignis war ein schicksalhafter Prozess." Und das Schicksal kann durchaus wieder zuschlagen – „Es" kann wieder passieren. Die Unklarheit und Unsicherheit, die dieses „Es" in die Beziehung bringt, ist der Wurm, von dem im Titel die Rede ist. So entsteht eine Situation mit unvorhersehbaren

Folgen und Belastungen, die den Ausgang der Beziehung offen lassen.

Was wäre die Alternative, eine sinnvolle Einstellung, die den Wurm des „Es" daran hindert, tiefe und bleibende Löcher in den Stamm dieser Beziehung zu fressen? Die Ehefrau könnte das Ereignis so beschreiben wie vorher, aber ihr Erlebnis auch anders sehen und dementsprechend anders darstellen:

„Wie man es auch dreht und wendet, Fakt ist: Ich habe es getan. Mein Handeln war jedoch so, als ob es von selbst geschieht, einfach so, ohne meinen Beitrag, ohne meine Entscheidung. Und das war ein großer Fehler. Denn zu denken, die Dinge passieren einfach so, würde bedeuten, dass ich für mein Tun, mein Handeln, nicht verantwortlich bin und stattdessen das Ereignis dem Schicksal in die Schuhe schiebe. Und genau diese Einstellung habe ich vertreten, wenn ich sagen würde: ‚Es' ist passiert. Diesen Irrtum habe ich erkannt. Auf das Geschehene habe ich keinen Einfluss mehr, wohl aber auf meine Einstellung, die dazu geführt hat. Der Mensch, die Frau, die vor dir steht, denkt und fühlt nun anders und meine Einstellung, die ich jetzt in tiefster Überzeugung und von ganzem Herzen in mir trage, lautet: Nicht ‚Es' entscheidet, sondern Ich. Schau, wir haben wunderschöne Jahre hinter uns und nichts wünsche ich mir mehr, als viele weitere Jahre vor uns zu haben. Deshalb bitte ich dich, lass dieses Ereignis nur den Augenblick sein, der es war. Es soll keinen Schatten auf unsere Vergangenheit und unsere Zukunft werfen."

Indem diese Frau „Es" durch „Ich" ersetzt, übernimmt sie die Verantwortung für ihr Handeln und ein so handelnder Mensch ist vertrauenswürdig, weil er selbst bestimmt, was geschieht – und nicht die äußeren Umstände. Mit dieser Einstellung hat man nicht nur eine gute Basis, um Konflikte und Probleme in der Beziehung zu bewältigen, sondern damit können auch Schuldgefühle keine Wurzeln schlagen. Diese Einstellung ist ein Damm gegen zerstörerische Strömungen aus der Vergangenheit, ein Damm, in den der Wurm des „Es" keine Löcher fressen kann. Und deshalb gibt diese Einstellung auch dem Ehemann eine andere Ausgangsposition, um mit der Situation umzugehen.

Um nun den richtigen Umgang mit dem „Es" zu erweitern, müssen wir wissen, dass „Es" die Kunst beherrscht, sich zu tarnen und wie ein tückischer Virus zu mutieren. Ich möchte noch einmal explizit darauf hinweisen, dass es nicht nur beim „Es", sondern auch beim „mutierten Es" nicht um die Worte geht, sondern um die Einstellung, die sie verkörpern. Zum Beispiel kommt in folgenden Sätzen „Es" nicht explizit vor, sondern verborgen in der Beschreibung einer Befindlichkeit, eines Zustandes, einer Situation et cetera:

„Meine Ehe macht mich unglücklich."

„Meine Eltern schränken meine Freiheit ein."

„Du machst mir Schuldgefühle."

„Dein Ehrgeiz ist krankhaft."

„Deine miese Kindheit macht unsere Ehe kaputt."

In diesen Aussagen sind „meine Ehe", „meine Eltern", „du", „dein Ehrgeiz", „deine miese Kindheit" verborgene Vertreter für „Es". Sie bewirken genau wie „Es", dass wir die äußeren Gegebenheiten für unser Fühlen, Denken und Handeln verantwortlich machen und das „Ich" zur Unmündigkeit herabsetzen. Das Entscheidende ist, zu allererst zu erkennen, dass man in solchen Situationen ein „verborgenes Es" verwendet und damit allen oben genannten Nachteilen von „Es" Tür und Tor öffnet. Wenn man das „verborgene Es" entlarvt hat, dann werden einem auch die Einstellung und die Sichtweise bewusst, die dem „verborgenen Es" zugrunde liegen. Dadurch, dass man das konkret benennt, was einen unglücklich macht und belastet, eröffnet sich ein Handlungsspielraum und man selbst kann bewusst die Situation gestalten. So ist man in der Lage, immer wieder zu fragen, was das „Ich" will, was das „Ich" tun kann, und immer wieder aufmerksam darauf zu achten, dass das „Ich" nicht durch ein „Es" verdrängt wird. Mit anderen Worten: Der erste Schritt ist, das „verborgene Es" als solches zu erkennen. Und der zweite Schritt besteht darin, das „verborgene Es" auf seinen Inhalt zu prüfen. Dadurch kommt automatisch anstelle des passiven „verborgenen Es" das schöpferische „Ich" zur Geltung.

Zum Beispiel sagt das schöpferische „Ich" nicht: „Du machst mir Schuldgefühle", sondern das „Ich" setzt sich mit der angeblichen Schuld auseinander. Das heißt zu erkennen, woraus sich das „verborgene Es" zusammensetzt. Der innere Dialog könnte dabei etwa so verlaufen: „Habe ich etwas gemacht, das nicht in Ordnung ist? Sollte ich etwas tun, das ich bisher nicht getan habe? Handelt es sich um etwas Vergangenes oder um etwas Aktuelles? Sind das bloß unberechtigte Erwartungen meines Partners oder berechtigte Erwartungen, die ich auch einsehe?" Durch einen so geführten inneren Dialog kann man wie mit einem Sieb das notwendige Handeln von unnötigem Ballast trennen und das eine tun und das andere sein lassen und vergessen.

Bei der Gelegenheit sei erwähnt, dass das Wort „man" ein enger Verwandter von „Es" ist und dessen genetische Eigenschaften besitzt. Was bedeutet es zum Beispiel, wenn jemand sagt: „Man tut so etwas nicht"? Heißt das: „So zu handeln ist nicht moralisch", oder: „Es ist nicht üblich", oder: „Ich traue mich selbst nicht, so zu handeln", oder widerspricht dieses Tun irgendwelchen Geboten oder Verboten? Deshalb sollte auch das passive „man" durch das schöpferische „Ich" ersetzt werden. Dasselbe gilt natürlich auch für negative Hoffnungen, wie sie im vorigen Kapitel besprochen wurden: Oft ist eine Hoffnung ein „verborgenes Es". Denn indem man ewig auf etwas wartet und den Verlauf der Ereignisse dem Schicksal überlässt, gibt man auch hier die Verantwortung an ein „verborgenes Es" ab, statt mit dem „Ich" seinen eigenen Beitrag zu leisten.

Fazit:

Dieses Kapitel hat mit einer Wortdeutung angefangen, aber gerade um die Worte geht es hier nicht. Es geht darum, wie wir das, was in uns abläuft, nach außen projizieren. Auf der Oberfläche heißt das, „Es" durch „Ich" zu ersetzen. In Wirklichkeit geht es jedoch um die Einstellung, die sich dahinter verbirgt. Es geht darum, dass wir dazu neigen, Situationen, Gegebenheiten und Personen für unsere Befindlichkeit verantwortlich zu machen. Dadurch geben wir unsere Verantwortung ab, verringern unsere Selbstbestimmung, leisten unseren Beitrag nicht und werden zum passiven Beobachter und Opfer der Ereignisse. „Es" durch „Ich" zu ersetzen ist die umfassende Botschaft der Weisheit der Hand: Wenn du mit einem Finger auf irgendetwas oder irgendjemanden zeigst, zeigt deine Hand mit drei Fingern auf dich selbst. Indem du in den äußeren Umständen, Situationen und in anderen Personen die Ursache deines Empfindens und Handelns siehst, versäumst du die inneren Prozesse, das, was in dir abläuft, wahrzunehmen. Doch diese sind die tatsächliche Ursache deiner Befindlichkeit und deines Handelns.

Es liegt nahe, dieses Kapitel mit folgendem Leitgedanken zu schließen: Jede Beziehungsproblematik, in welchem Bereich auch immer, enthält eine große Portion „verborgenes Es".

11.
Vergiss das Glück, Hauptsache du hast recht

Gedanken, die Zufriedenheit und Glück betreffen, werden meistens als Empfehlung formuliert, wie zum Beispiel „Carpe diem" oder „Glaube an dich!" Aber belastet und unglücklich zu sein drückt man aus, als wäre es selbstverständlich, wie in: „Jeder trägt sein Kreuz" oder: „Unter jedem Dach liegt ein Ach." Ebenso sind uns Schicksalsschläge wohl sehr vertraut, doch so etwas wie ein „Schicksalsgeschenk" ist uns gänzlich fremd. Bei all dem handelt es sich um eine weit verbreitete Denkgewohnheit, die im Kern mit dem ebenso weit verbreiteten Drang, recht zu behalten, zusammenhängt.

Wir stehen oft vor der Alternative, recht zu behalten oder glücklich zu werden. Meistens entscheiden wir uns jedoch dafür, recht zu behalten. Dies geschieht spontan und weitgehend unbewusst. Wir merken es nicht, und weil wir es nicht merken, können wir keinen Einfluss darauf nehmen. Recht behalten heißt natürlich nicht nur, in einem Gespräch auf seiner Meinung zu beharren. Recht behalten kann auch heißen, dass man eine Meinung, eine Überzeugung, eine Ideologie und so weiter für unantastbar hält und um sie kämpft, koste es, was es wolle, und vor allem gänzlich unabhängig davon, ob die Sache inhaltlich richtig ist oder nicht.

Wie sieht es aber mit dem Verhältnis von Rechtbehalten zu Glücklichwerden in einer Beziehung aus? Wie oft neigen wir zu dem einen oder zu dem anderen? Auch wenn es nicht immer nachvollziehbar ist: Es ist ein Fakt, dass die Auseinandersetzungen in einer Beziehung umso mehr an Intensität und Bedeutung gewinnen, je mehr sie unsere vitalen Interessen berühren. Und umso mehr neigen wir dann auch dazu, recht behalten zu wollen. An dieser Stelle drängen sich zwei Fragen auf. Die erste Frage ist: Warum müssen wir immer recht behalten? Warum brauchen wir das? Und die zweite Frage lautet: Woran erkennt man die Grenze zwischen der Notwendigkeit, sich für eine Sache einzusetzen, und dem destruktiven Drang, recht zu behalten? Denn dass es durchaus manchmal notwendig ist, um eine Sache zu kämpfen, ist eine Tatsache.

Die Antwort auf die erste Frage ergibt sich aus der Betrachtung der Natur und der Geltung ihrer Gesetze. Dazu ein Beispiel: Eine Herde Zebras weidet friedlich, während einige Löwen sich langsam an sie heranpirschen. Wenn die Löwen zum Angriff ansetzen, gerät die Herde in Panik und flieht, bis ein Zebra von den Löwen erlegt wird. Nach kurzer Zeit, während die Löwen dabei sind, das erlegte Zebra zu fressen, hat sich die Herde wieder beruhigt und die Zebras weiden friedlich, so als wäre nichts passiert.

Diese Beobachtung ist ein Hinweis darauf, dass Tiere sich nur dann bedroht fühlen, wenn ihr Leib und Leben unmittelbar bedroht ist. Wir Menschen aber folgen einem anderen Muster.

Aufgrund unseres Bewusstseins, unseres Wissenshorizontes und des Daseinskampfes im sozialen Gefüge fühlen wir uns oft bedroht, zuweilen sogar bis zur Existenzangst, obwohl für unser Leib und Leben gar keine Gefahr besteht. Die Maßnahmen, mit denen wir dann dieser Bedrohung zu begegnen versuchen, sind unsere Überlebensstrategien. Während die Überlebensstrategie eines Zebras nur auf die Erhaltung seines Leibes gerichtet ist, richtet sich die Überlebensstrategie des Menschen auch auf die Erhaltung des Gleichgewichtes seiner Psyche. Mit anderen Worten: Während Tiere nur die leibliche Bedrohung wahrnehmen, erleben Menschen auch Bedrohung auf emotionaler Ebene. Zu solchen Bedrohungen gehören Gedanken und Gefühle, wie nicht akzeptiert zu werden, unterlegen zu sein, das Gesicht zu verlieren und Ähnliches. Rechtbehalten-Wollen ist nur ein unbewusster Versuch, solche unangenehmen Erfahrungen und als Bedrohung empfundenen Erlebnisse zu kompensieren, das heißt, durch Rechtbehalten vermeintlich die Kontrolle über die Situation zu wahren. Der Drang, recht zu behalten, hat also seinen Ursprung in der Aufrechterhaltung unserer emotionalen Existenzberechtigung. Und diese ist der spezifisch menschliche Teil der Selbsterhaltung, der unmittelbar nach der Erhaltung des Leibes im Vordergrund steht. Um den Kreis zu schließen: Der menschliche Selbsterhaltungstrieb setzt sich zusammen aus der Erhaltung des Leibes und des psychischen Gleichgewichtes.

Wenn man zum Beispiel in einem Gespräch unbedingt recht behalten will, geht es dabei nicht um die Sache, sondern vielmehr darum, dass *nicht* recht zu behalten als Gesichtsverlust empfunden wird. Und das Gesicht zu verlieren geht unbewusst mit dem Verlust der Existenzberechtigung einher. Der Verlust des Gesichtes bedeutet demzufolge den Verlust des eigenen Ich. Der Zwang, recht zu behalten, läuft dabei gänzlich unabhängig davon ab, ob die Überzeugung inhaltlich „richtig" und „gut" oder „destruktiv" und „falsch" ist. Damit hängt es zusammen, dass Beziehungen wegen der sogenannten „Kleinigkeiten" nachhaltig gestört und belastet werden können.

Nun ein konkretes Beispiel aus meiner Praxis dafür, wie das donnernde Rauschen des Rechtbehaltens die zarte Melodie der Hingabe und der Verbundenheit in einer Beziehung verstummen lässt.

Frau und Herr Schmidt waren seit 20 Jahren verheiratet, aber nicht glücklich. Deshalb suchten sie meine Praxis auf. Nach einigen einleitenden Worten fragte ich, was ihr Anliegen sei. Die spontane Reaktion von Frau Schmidt war: „Wir lieben uns."

„Das klingt ja wunderbar und ich freue mich, dass Sie sich lieben. Aber weshalb sind Sie dann hier?", erwiderte ich.

„Der Grund ist: Wir können unsere Liebe nicht genießen. Wir haben andauernd Streit. Irgendwie tun wir uns immer weh. Wir kämpfen um jede Kleinigkeit und jeder sagt zum anderen: ‚Du bist schuld!' Und so gehen wir jede Nacht mit Wut und Bitterkeit ins Bett", sagte Frau Schmidt.

Ich bat das Paar, mir aus der Fülle ihrer Streitigkeiten ein Beispiel zu benennen, worauf wieder sie das Wort ergriff: „Es gibt hunderte, hunderte. Welches davon wollen Sie hören?"

Ich erklärte: „Erzählen Sie mir irgendeines. Wenn wir das eine verstehen, haben wir auch einen guten Einblick in alle anderen."

„Also gut", sagte sie. „Zum Beispiel: Seit Jahren sage ich meinem Mann: ‚Wenn du deine Zähne putzt, roll bitte die Zahnpastatube.‘ Er rollt sie aber nicht, er quetscht sie. Ich sage es ihm wieder und wieder, aber er macht es einfach nicht! Und nach all diesen Jahren" – an dieser Stelle hielt sie ihre Hand waagrecht zwischen Nase und Oberlippe – „steht es mir bis hier!"

Unter uns, lieber Leser: Rein sachlich betrachtet, kann dieses Problem mit vier Euro gelöst werden. Das Ehepaar Schmidt kauft sich einfach zwei Zahnpastatuben, eine für ihn und eine für sie. Dann kann er seine Tube so viel quetschen, wie er will, und sie kann ihre in Frieden rollen. Das Problem wäre gelöst und die Ehe gerettet! Aber wenn es so einfach wäre, hätten die Schmidts dieses Problem schon längst selbst gelöst, ohne fremder Hilfe zu bedürfen. Dieses Beispiel zeigt in aller Deutlichkeit: Recht behalten zu wollen kostet das Glück.

Also: Warum konnte das Paar das Problem mit der Zahnpastatube, das nur eines von vielen zu sein schien, nicht beseitigen? Weil der Streit um die Zahnpastatube nicht das eigentliche Problem, nicht die Ursache, sondern nur ein Symptom ist. Denn der Kampf um die Zahnpastatube ist in Wirklichkeit ein emotionaler Kampf. Es geht um das emotionale Überleben, um die Aufrechterhaltung des psychischen Gleichgewichtes. Es ist ein Machtkampf. „Nur so, wie ich mit der Tube umgehe, ist es richtig! Und es passt mir nicht, wenn du nicht darauf eingehst, und das kann ich nicht auf mir sitzen lassen." Wie häufig bestimmend und verbreitet Machtkämpfe sind, erkennt man daran, dass sie nicht nur zwischenmenschliche Beziehungen prägen, sondern auch die Ursache von Kriegen und ideologischen Kämpfen in allen Jahrhunderten und Kulturen gewesen sind.

Warum tun wir uns das an? Warum geben wir banalen Dingen so viel Macht und Bedeutung und lassen es zu, dass sie lange Schatten auf unsere Beziehungen werfen? Warum suchen wir nicht die Quelle, die Ursache der Probleme, um sie zu überwinden? Weil es uns im Allgemeinen sehr schwerfällt, zwischen der Sachebene und der emotionalen Ebene zu unterscheiden. Aber was bedeutet das? Alles, was zwischen zwei Menschen geschieht, findet auf zwei Ebenen statt. Die eine ist die Sachebene, auf der es um Objekte und Fakten geht. Die andere ist die emotionale Ebene, also die Ebene, auf der wir die Objekte und Fakten bewerten. Hier geht es um den Menschen, um sein Selbst- und Weltbild, seine Gefühle. Diese beiden Ebenen sind von außen und für einen objektiven Beobachter inhaltlich verschieden und klar voneinander zu trennen. Die Beteiligten nehmen die beiden Ebenen jedoch als miteinander verschmolzen und als ein Ganzes wahr. Diese Zusammenhänge wollen wir uns nun näher anschauen.

Abläufe auf der Sachebene wie „Du quetschst die Zahnpastatube" sind leicht zu erkennen und recht offensichtlich. Dagegen sind Prozesse auf der emotionalen Ebene wesentlich komplexer. Hier läuft eine Kaskade von Gedanken und Gefühlen ab. Diese können auf den oberen Schichten etwa lauten: „Du hörst nicht auf mich. Du tust nicht das, was ich will." Etwas tiefer: „Ich bin dir nicht wichtig. Du liebst mich nicht. Du sagst nicht ‚Ja' zu mir. Aber ich brauche dein ‚Ja', um mich selbst zu bejahen." Auf der tiefsten Ebene ihrer Seele jedoch donnert unbewusst das Echo von: „So kann ich emotional nicht bestehen. Meine Existenzberechtigung ist bedroht."

Welcher Mechanismus führt nun aber dazu, dass man in einer Konfliktsituation zwischen dem Schlagabtausch auf der Sachebene, also den Symptomen, und der emotionalen Ebene, den Gefühlen, der treibenden Kraft des Konfliktes, also der Ursache, nicht unterscheidet? Die Blockade entsteht dadurch, dass man auf der emotionalen Ebene mit tiefsitzenden Ängsten, Risiken und Selbstzweifeln konfrontiert werden kann und dies unbewusst vermeidet. Dennoch sind diese Emotionen da und suchen auf der Sachebene eine Entlastung, eine Linderung. In einer Konfliktsituation geschieht der Übergang von der Sachebene auf die emotionale Ebene, also die Färbung der Ereignisse durch Gefühle, unbewusst und augenblicklich. Deshalb nehmen wir die beiden Ebenen nicht getrennt voneinander wahr. Wir sehen in dem, was auf der Sachebene geschieht, das eigentliche Problem und können daher die Ursache, den tatsächlichen Grund für unsere Emotionen, nicht erkennen, geschweige denn ihr angemessen begegnen.

Damit zurück zu dem Ehepaar Schmidt. „Er quetscht die Tube" und „Sie rollt die Tube" sind objektiv erfassbare Fakten und neutrale Prozesse auf der Sachebene. Auf der emotionalen Ebene jedoch, tief in der Seele und im Herzen der Schmidts, laufen – wie erwähnt – ganz andere Dinge ab: Jeder von ihnen vermisst das verbindliche, das uneingeschränkte „Ja" des anderen. Jeder von ihnen vermisst das Gefühl, von dem anderen geliebt zu werden. Sie vermissen Geborgenheit und innige Zusammengehörigkeit. Die leidenschaftliche Verliebtheit, die sie einst zusammengebracht hat, ist längst in dem ewigen Frost des Alltags und der Enttäuschung erfroren. Sie leben nicht im Lichte einer aus Liebe gewachsenen Bindung, sondern im Staub der Schlacht von „entweder du oder ich". Nur eine über die Jahre entstandene Kette der Gewohnheiten und das Tau der gegenseitigen Abhängigkeiten halten die Schmidts noch zusammen. Dennoch scheint es erträglicher, so weiterzuleben und einen Alltag voller Kämpfe und Bitterkeit zu erdulden, als sich eingestehen zu müssen, dass man nebeneinanderher lebt ohne innere Verbundenheit. Denn die Schmidts haben, wie viele von uns, nicht gelernt, ihre Ängste und Unsicherheiten zu beseitigen; sie haben gelernt, sie zu organisieren, mit ihnen zu leben. Die Probleme auf der emotionalen Ebene zu klären könnte die fehlende gegenseitige Liebe und – das ist das Entscheidende – die mangelnde Selbstliebe entlarven. Und dies wäre ein Todesurteil von dem inneren Richter. Deshalb darf dieser Prozess gar nicht stattfinden. Aus diesem Grund halten sich die Schmidts durch ihre ewigen Kämpfe ums Rechtbehalten auf der Sachebene auf und vermeiden die Klärung auf der emotionalen Ebene. Um mit den Bildern aus dem Kapitel „Wie viel ‚Du‘ verträgt ein ‚Ich‘?" zu sprechen: Jeder versucht, den anderen so umzuformen, dass er in die eigene enge Dimension passt. Dadurch verpassen beide die Chance, ihr Ich und dadurch ihre Beziehung weiterzuentwickeln.

Die Dramatik in der Beziehung der Schmidts wurde deshalb so eindringlich betont und so plakativ geschildert, um die Destruktivität des Rechtbehaltens zu demonstrieren. Dennoch gibt es in Wirklichkeit viele Paare, denen es trotz ihres Rechtbehaltens und solcher Kleinkriege gelingt, in angemessener Zufriedenheit zusammenzuleben.

Mit dem Gespür dafür, wie die Destruktivität des Rechtbehaltens Beziehungen belastet, widmen wir uns nun der zweiten Frage: Woran erkennt man, ob es bei unserem Einsatz um die Sache geht oder ob es sich bloß um Rechtbehalten handelt? Der erste Schritt, um das zu erkennen, ist, es zu wollen. Denn allein der Wunsch nach dieser Differenzierung schärft den Blick dafür, die Sache und die Emotionen getrennt zu sehen. Man stellt sich ehrlich die Frage: „Worauf kommt es wirklich an?" Man hört erst einmal auf zu kämpfen und geht mit sich in Klausur. Hier, in der ehrlichen Auseinandersetzung mit sich selbst, mit seinen Gefühlen, Gedanken, Erwartungen, hier liegt die Antwort. Eine ehrliche Frage erkennt man daran, dass man wirklich die Antwort sucht, anstatt bloß eine Bestätigung und Begründung seiner Position. Konkret heißt das in unserem Beispiel, dass Frau Schmidt sich fragen könnte: „Worauf kommt es mir wirklich an? Geht es wirklich um die Zahnpastatube?

Wenn er zum Beispiel die Tube ab jetzt rollt und nicht mehr quetscht, bin ich dann glücklicher? Ist die Ehe gerettet? Oder geht es mir um etwas anderes?" So mit sich zu reden ist ein guter Anfang auf dem Weg aus der Falle des Rechtbehaltens. Das Gleiche gilt natürlich auch für Herrn Schmidt. Auch er könnte mit der gleichen Einstellung mit sich in Klausur gehen.

Es ist menschlich, dass es nicht immer leichtfällt, sowohl eine besonnene Antwort zu finden als auch diese umzusetzen. Wenn man mit der besten Absicht und der ganzen Vernunft eine befriedigende Antwort gefunden hat, heißt das noch lange nicht, dass die Gefühle mitspielen. Diese Disharmonie lässt sich aus unserer evolutionären Entwicklung ableiten. Das Tier in uns herrscht seit Milliarden von Jahren, während der Homo sapiens sich erst seit Millionen von Jahren zu behaupten versucht. Deshalb sind auch die archaischen Triebe und Gefühle viel mächtiger als Vernunft, Fakten und Argumente.

Dennoch ist es ungemein ermutigend und tröstlich, dass die Übermacht der Emotionen uns nicht immer zur Entscheidungsunfähigkeit verdammt. Denn dieselbe Evolution, die uns überwältigende Schwingungen der Gefühle auferlegt, hat uns auch mit der inneren Freiheit bewaffnet, aus diesen Schwingungen harmonische Melodien zu erschaffen. Um den Kreis zu schließen: Diese innere Freiheit ist das Potential, das Herr und Frau Schmidt entdecken, wenn sie mit sich ehrlich in Klausur gehen und die Möglichkeit finden, sich zu überprüfen und eine befreiende Wahl zu treffen.

Blick durch die Lupe:

Mit der Selbstverständlichkeit, mit der Bewegung Reibung erzeugt, erzeugt das menschliche Zusammensein auch Probleme und Konflikte. Das ist normal und ein unvermeidbarer Bestandteil jeder Beziehung. Beziehungen scheitern aber nicht an Problemen und Konflikten auf der Sachebene, sondern an der Art, wie man ihnen begegnet und mit ihnen umgeht. Die Destruktivität in unserem Umgang liegt jedoch in der Destruktivität unserer Wahrnehmung und unserer Entscheidung: Wenn wir vor der Wahl stehen, glücklich zu werden oder recht zu behalten, entscheiden wir uns geradezu schlafwandlerisch für das Rechtbehalten. Und so bringen wir uns selbst um unser Recht auf das Glück.

Dieses Phänomen ist die Folge einer Kette von Gedanken, Bewertungen und Gefühlen, die in den tiefen Schichten des Unbewussten entstehen und von denen wir nur das letzte Glied bewusst wahrnehmen. Den inneren Zusammenhang und die Abfolge der Glieder dieser Kette vom tiefen Unbewussten bis hin zu wahrnehmbaren Gefühlen und Handlungen kann man sich etwa so vorstellen: Aus dem Selbsterhaltungstrieb folgt die Aufrechterhaltung des psychischen Gleichgewichtes, die Suche nach der Existenzberechtigung. Bei einem vorhandenen Selbstzweifel bleibt die Existenzberechtigung ewig infrage gestellt. Dies kompensiert man mit einem massiven Bedürfnis nach Bestätigung und Anerkennung der eigenen Vorstellungen und Belange. Aus der Massivität dieses Bedürfnisses entsteht der Drang, recht zu behalten und seine eigenen Belange – koste es, was es wolle – durchzusetzen. Da die eigenen Belange und Bedürfnisse nicht denen des anderen entsprechen müssen, werden sie auch nicht immer erfüllt. Und damit empfindet man den anderen als Ursache der eigenen Belastung. Nun kommt die Zwillingsschwester des Rechtbehaltens in die Welt und sie trägt den Namen Schuldzuweisung.

Die Glieder der erwähnten Kette, also die inneren emotionalen Prozesse, laufen nicht in einer zeitlichen Abfolge ab, sondern recht behalten zu wollen ist die unmittelbare Verkörperung eines geringen Selbstwertgefühls. Wenn man sich eine harmonische Beziehung wünscht und ehrlich seinen Beitrag dazu leisten möchte, sind Situationen, in denen man dazu neigt, recht behalten zu wollen, die besten Gelegenheiten, um damit anzufangen.

Aber welche Situationen sind das? Der Drang, recht zu behalten, hat tausende Gesichter und entsprechend tausende Schlachtfelder. Alle Dinge, die den Alltag einer Beziehung ausmachen, sind gleichzeitig Möglichkeiten, Konflikte zu erzeugen. Seien es die sogenannten „Kleinigkeiten", wie die Organisation des Haushaltes, oder grundlegende Überzeugungen und Prinzipien, wie Prioritäten bei der Aufteilung von Zeit und Geld, bei der Gestaltung der Beziehungen zu Freunden und Verwandten und Maßnahmen bei der Kindererziehung. All das sind Ereignisse auf der Sachebene, die dazu verführen, recht behalten zu wollen. In der Regel merkt man in der Situation selbst, im Augenblick des Geschehens, natürlich nicht, dass man bloß recht behalten will, aber was man durchaus merkt, ist die eigene Überzeugung und die Beharrlichkeit, mit der man auf etwas besteht, meistens begleitet von einem unterschiedlichen Ausmaß an Wut.

Das ist der Anfang. Hier hat man die Wahl, mit sich in Klausur zu gehen und sich zu fragen, worum es einem wirklich geht. Bei diesem ehrlichen inneren Dialog überprüft man seine Absicht und denkt seine Gedanken zu Ende. Durch diese Lupe wird ersichtlich, dass Rechtbehalten ein vergeblicher Kampf ist, um seinen wunden Punkt unberührbar zu machen. Je mehr man sich diesen Prozess bewusst macht, umso geringer wird der Drang, recht zu behalten. Obwohl dieser Schritt eine der größten und häufigsten Herausforderungen ist, die eine Beziehung begleiten, er ist dennoch das notwendigste und heilsamste Mittel, um eine Beziehung harmonisch zu gestalten.

12.
Vom Verstehen zum Verständnis

Verstehen ist nicht nur für die Menschheit als solche, sondern auch für jeden Einzelnen von uns der erste Schritt all unserer Errungenschaften. Dennoch ist Verstehen nicht für jede Mauer die passende Leiter und nicht für jeden Berg der geeignete Tunnel, um die Dinge hinter der Mauer und dem Berg zu erfassen. Warum aber das Verstehen nicht bei jedem Problem zu einer Lösung führt, hängt mit dem Wesen des Verstehens und seiner Begrenztheit zusammen. Anstelle einer wissenschaftlichen Abhandlung wollen wir pragmatisch mit dem Begriff „Verstehen" umgehen. Hier als Beispiel ein paar Sätze, die man im Allgemeinen direkt und ohne nähere Erläuterung versteht:

Meine Mutter kommt zu Besuch.

Morgen gehe ich zum Arzt.

Du hast Andrea geküsst.

Ich habe kein Geld.

Sie hat die Verabredung abgesagt.

Heute Abend gehe ich ins Kino.

Ich bin wütend.

Mit diesen oder ähnlichen Sätzen vermittelt ein Mensch seine Gedanken, Gefühle, seine Befindlichkeit und seine Entscheidungen, die als solche klar und verständlich sind. Doch häufig folgt auf solche Äußerungen die vehemente Aussage des Gesprächspartners: „Das verstehe ich nicht." Dieses Nicht-Verstehen ist in aller Regel und objektiv nicht richtig, denn die erwähnten Sätze sind klar und verständlich. Der Grund, weshalb man trotz der Klarheit der Sätze und unserer Intelligenz in das Nicht-Verstehen „flieht", findet sich in tieferliegenden Konflikten, die hinter diesen eigentlich klaren Sätzen verborgen sind. Dies gilt unabhängig davon, ob das Entstehen von Unklarheiten nun an demjenigen liegt, der etwas sagt, oder an demjenigen, der es hört.

Zu diesen Gedanken zwei Beispiele aus Beziehungen. Der Freund sagt zu seiner Partnerin: „Ich würde gerne heute Abend mit dir ins Kino gehen."

Sie sagt: „Nein. Ich möchte nicht. Ich habe Kopfschmerzen."

„Das verstehe ich nicht."

Nun das zweite Beispiel. Der Ehemann kommt nach Hause und seine Frau fragt:

„Hast du das Geburtstagsgeschenk für meine Schwester besorgt?"

„Nein."

„Warum nicht?"

„Ich habe kein Geld."

„Das verstehe ich nicht."

Wir wissen, dass solche Sätze wie „Ich habe Kopfschmerzen"
und „Ich habe kein Geld" als solche inhaltlich klar und verständlich sind. Warum aber ist dann die Reaktion darauf: „Das
verstehe ich nicht"? Wie kommt es, dass so sachlich formulier-
te Sätze mit so klarem Inhalt ihre Klarheit verlieren und ihre
Botschaft für den Empfänger unverständlich wird? Weil der
Wortlaut dieser Sätze nicht immer mit der Absicht des Senders
übereinstimmt. Wenn zum Beispiel die Partnerin keine Lust
hat, ins Kino zu gehen, das aber, warum auch immer, nicht
sagen will, versteckt sie ihre Absicht hinter „Kopfschmerzen".
Diese Äußerungen, die etwas verbergen, nenne ich kodierte
Botschaften. Hinzu kommt, dass der Empfänger seinerseits
etwas ganz anderes hören kann, als gesagt wurde.

Schulz von Thun verwendet anstelle des Begriffs „kodierte Botschaften" die Bezeichnung „Nachrichten mit vier Seiten". Diese
Seiten, die jede Botschaft enthält, sind: der Sachinhalt, also
die Beschreibung der Fakten; die Selbstoffenbarung, also die
Mitteilung über eigene Gefühle und aktuelle Befindlichkeiten
und über die eigene Persönlichkeit; der Beziehungshinweis,
also eine Aussage darüber, wie der Sender zum Empfänger steht
und wie er diese Beziehung bewertet; und der Appell, also die
Aufforderung an den Empfänger, in einer bestimmten Weise
zu denken oder zu handeln.[7]

Vor diesem Hintergrund wird klar, dass der sachliche Inhalt nur
eine von mehreren möglichen Deutungen ist. Hinzu kommt,
dass in Situationen wie den oben genannten die sachliche Bot-

schaft nur eine relativ geringe Bedeutung für den Kommunikationsverlauf hat. Wenn der Empfänger auf eine inhaltlich klare Aussage wie „Ich habe kein Geld" mit „Das verstehe ich nicht" reagiert, bedeutet dies, dass er mit dem, was er aus seiner Sicht für die Absicht des Senders hält, nicht einverstanden ist. Aber das emotional heftige „Ich bin damit nicht einverstanden!" wird durch das sachlich klingende „Das verstehe ich nicht" ersetzt.

Demzufolge ist mit „Das verstehe ich nicht" oft „Ich bin damit nicht einverstanden" gemeint. Deshalb ist es unerlässlich, zu allererst zu klären und zu verstehen, worum es eigentlich geht. Dazu ist das Dekodieren der Äußerungen eine sehr hilfreiche Methode. Das Ziel des Dekodierens ist, dass man die Absicht des Senders erkennt. Dann ist eine Situation erreicht, in der man sagen kann, „man hat sich verstanden".

– Für diejenigen, die eine tiefere Einsicht in das Verstehen haben möchten, sei auf Folgendes hingewiesen: Natürlich lässt die obige Auffassung von Verstehen einen gewissen Raum für Ungenauigkeiten. Denn um jemanden wirklich und vollumfänglich zu verstehen, das heißt, eine Sache so zu sehen und so zu deuten wie der andere, muss man so denken, so fühlen wie der andere, mit seinen Maßstäben messen – kurzum, man muss die gleiche Persönlichkeit haben. Man selbst muss der andere sein. Und das ist natürlich nicht möglich; keiner ist identisch mit irgendjemand anderem. Wenn man sich in einer Sache versteht, heißt das nicht mehr, als dass man sich über dieses Etwas einig ist. Wie aber jeder die Sache mit all ihren Facetten sieht, bleibt dem jeweils anderen verborgen. Deshalb begnügen wir uns hier damit, von Verstehen zu sprechen, wenn die Absicht des Senders mit der Deutung des Empfängers übereinstimmt, wenn der Empfänger also die Absicht des Senders erkennt. –

Nun zurück zum Dekodieren und seiner wichtigen Rolle in der Kommunikation und in Beziehungen. Wie könnte das Dekodieren konkret aussehen? Wir nehmen zunächst die Äußerung der Freundin: „Ich habe Kopfschmerzen." Wie kommt dieser Satz bei dem Freund an? Was macht er daraus? Er könnte denken: „Sie würde trotz ihrer Kopfschmerzen mit Renate stundenlang in einer Kneipe schwätzen. Sie will sich nur rächen, weil meine letzten Stammtischabende etwas länger gedauert haben. Oder: Meine Wünsche, was mir wichtig ist, meine Bedürfnisse, sind ihr nicht so wichtig." Was könnte die Freundin aber eigentlich mit dem Satz meinen? „Ich habe wirklich Kopfschmerzen und fühle mich nicht wohl, also will ich lieber zu Hause bleiben. Oder: Ich muss nicht immer nach deiner Pfeife tanzen. Oder: Du sagst Kino, meinst aber einen Kriegs- oder Horrorfilm – das ist mir einfach zu primitiv."

Nun der nächste Satz: „Ich habe kein Geld." Wie kommt nun dieser Satz bei der Ehefrau an? „Du magst meine Schwester nicht, und was ich ihr zum Geburtstag schenken wollte, war dir auch zu teuer. Oder: Manchmal ist dir das Geld wichtiger als familiäre Beziehungen und Bindungen." Was könnte er aber eigentlich mit dem Satz meinen? „Es reicht, dass du zu viel für dich selber ausgibst. Das musst du nicht auch noch für deine

Schwester machen. Oder: Was deine Familie angeht, komme ich mir wie das fünfte Rad am Wagen vor. Oder: Für dich war es ja auch überflüssig, meinem lieben Onkel etwas zur goldenen Hochzeit zu schenken."

Dekodieren bedeutet, dass jeder für sich oder beide im Dialog all ihre Gedanken, Vermutungen, Unterstellungen, womöglich Überzeugungen aussprechen, verneinen oder bestätigen und sich dadurch über das, worum es tatsächlich geht, klarwerden. In diesem Zusammenhang wird vielleicht auch bewusst, was wir bereits im Kapitel „Mein Bild von dir stammt aus meinem Farbkasten" gesehen haben: Die Wahrnehmung des Gesagten basiert auf den Bildern, die man sich voneinander gemacht hat. Wenn man endlich verstanden hat, worum es geht und was der andere wirklich meint und will, dann ist die Aufgabe des Dekodierens erledigt. Und dennoch muss man mit dem, was man verstanden hat, nicht einverstanden sein, wie anhand der obigen Gedanken leicht nachvollzogen werden kann. Das Verstehen ist zwar ein grundlegender und sehr wichtiger Beitrag, um ein Problem zu lösen oder einen Konflikt zu bewältigen, aber es reicht oft nicht für eine harmonische Einigung aus. Und das ist meistens der Fall, wenn die Emotionen mächtiger sind als die Sachverhalte.

Nun, wenn das Verstehen nicht immer und automatisch zu einer befriedigenden Lösung führt, welche sinnvollen Alternativen bleiben dann übrig? Was soll man machen, wenn man mit einer Äußerung oder einem Verhalten nicht einverstanden ist? Ein konkretes Beispiel aus einer Beziehung soll uns die Antwort näherbringen.

Julia und Jonathan leben seit etwa fünf Jahren in einer Partnerschaft. Obwohl sie getrennt wohnen, sind sie sich sehr vertraut und genießen die gemeinsamen Augenblicke. An einem Abend sind sie zu Andrea eingeladen, sie feiert die Einweihung ihrer neuen Wohnung. Sie ist die Ex-Freundin von Jonathan, zu der er auch nach Jahren noch eine freundschaftliche Beziehung pflegt. Der Abend ist sehr nett und zunächst genießen beide die Feier. Jedoch wirkt Julia ab einem bestimmten Augenblick immer bedrückter. Obwohl sie auf Jonathans Fragen, was los sei, mit „Alles ist gut" reagiert, merkt er doch, dass etwas nicht stimmt. Nach der Feier möchte Julia direkt zu sich nach Hause fahren. Beim Abschied fragt Jonathan mehrmals, was sie bedrückt. Schließlich antwortet sie: „Ich habe gesehen, dass du Andrea geküsst hast. Das war wie ein Dolch in meinem Herzen."

Jonathan ist erst einmal nur entsetzt und fassungslos. Er erinnert sich nicht einmal an einen Kuss. Auch wenn er Andrea geküsst haben sollte, war es für ihn ein freundschaftlicher Kuss wie bei einer Begrüßung oder einem Abschied. Diese Gedanken versucht er Julia zu vermitteln und er bittet sie, dass er sie am nächsten Nachmittag von der Arbeit abholen kann, um alles in Ruhe noch mal zu besprechen. Sie willigt ein und fährt fort. Als Jonathan schließlich bei sich zu Hause ankommt, liest er entsetzt eine knappe E-Mail von Julia: „Du brauchst mich morgen nicht abzuholen." Solche kalten und schroffen Reaktionen ist Jonathan von Julia nicht gewöhnt. Deshalb ist er fassungslos und denkt, sie möchte die Beziehung beenden – die Beziehung, die für ihn eine Quelle der Freude, Kraft und Frische ist. Er reagiert mit Panik. Der nächste Tag ist die Hölle; die Vorstellung, ohne Julia zu leben, erzeugt in Jonathan Angst, Hoffnungslosigkeit, Trauer. Er holt sie trotzdem von der Arbeit ab, in der Hoffnung, die Situation zu klären. Die Begegnung empfindet Jonathan aber als noch schrecklicher, als er befürchtet hatte. Julia verhält sich weiterhin abweisend und distanziert und auch seine Tränen aus Verzweiflung ändern an ihrem Verhalten nichts. Der Hauch Hoffnung, dass er ihre Meinung ändern kann und dass sie ihre Nähe zu ihm wiederfindet, stirbt – und damit auch etwas Lebendigkeit in ihm.

Wieder mit sich alleine, denkt Jonathan verzweifelt: „Wegen praktisch nichts, einem Kuss, an den ich mich nicht einmal erinnere, und trotz meiner Liebesbekundungen stellt sie meine Gefühle für sie und vielleicht sogar unsere Beziehung infrage." Er denkt: „Ich verstehe sie nicht."

In den nächsten Tagen, mit einem gewissen Abstand, sieht Jonathan, wie sehr er den Boden unter seinen Füßen verloren hat und wie viel Macht Julia über ihn hat. Er spürt zutiefst, wie sehr Julia die Basis seines Glücks und seiner Freude, aber auch die Ursache seiner Ohnmacht und seines Zusammenbruches ist. Es drängt sich ihm die Frage auf: „Warum ist sie der Flügel zu meinem Flug zur höchsten Freude, aber warum auch der Sog zu meinem tiefsten Niedergang?" Das weckt instinktiv sein Bedürfnis nach Selbstbehauptung und Selbstachtung. Ihm schießen erschütternde Gedanken in den Kopf, die ihm nicht vertraut sind: „Warum mache ich mich zu einem Spielball in ihren Händen, gerade wenn sie so wenig Gespür für meine Liebe zu ihr hat? Wie viel Gespür hat sie für Liebe überhaupt? Es müssen andere Gefühle in ihr herrschen, die viel stärker sind als ihre Gefühle für mich." Er spürt den Drang, nicht mehr zu winseln und zu betteln. Er legt die Rüstung der Unverwundbarkeit an und zieht sich ebenfalls verbittert zurück; die kommenden Tage sind sehr leer. Die wärmenden Gedanken an Julia, die Freude über ihre gemeinsamen Augenblicke sind verbannt und der Alltag ist freudlos und kalt. Trotzdem meldet er sich nicht mehr bei ihr. Der verletzte Stolz und die Kränkung siegen über die lebendige Sehnsucht.

Einerseits leidet Julia natürlich auch sehr unter dieser Situation. Sie vermisst Jonathan. Auch ihre Tage sind ohne ihn leer und trostlos. Sie hofft und wartet, dass Jonathan vorbeikommt. Andererseits denkt sie: „Es ist ungeheuerlich, dass Jonathan nicht nur seine Ex-Freundin küsst, sondern sich nun auch nicht mehr bei mir meldet und nach mir fragt." Das Fazit aus ihren Gedanken und Gefühlen ist derselbe verletzte Stolz und dieselbe Kränkung, die auch Jonathan empfindet. Und damit findet diese Beziehung, ohne dass das in ihr verborgene Potential ausgeschöpft wurde, ihr bitteres Ende.

Der Kuss, den Jonathan seiner ehemaligen Freundin gegeben hat, die Distanz, die Julia seitdem zu ihm hält, und alle weiteren

Reaktionen der beiden sind trotz ihrer vehementen Wirkung im Kern nur Verhaltensweisen, die beobachtbar und sehr einfach mit Worten zu beschreiben sind. Dennoch enthalten sie genau wie die verbalen Äußerungen „Ich habe kein Geld" und „Ich habe Kopfschmerzen" grundsätzlich mehrere Botschaften. Jeder der beiden Partner hat jedoch seine eigene Deutung dieses Verhaltens und dieser Gesten und jeder der beiden hält seine eigene Deutung für die Realität. Ereignis und Erlebnis sind für beide ein und dieselbe Sache, ein und derselbe Prozess. Also ist das Scheitern dieser Beziehung ein gutes Beispiel dafür, dass beide Partner sich weder mit dem Nicht-Verstehen noch mit dem Nicht-Einverstandensein auseinandergesetzt haben. Auch in solchen Situationen ist es unser wunder Punkt, der Sonnenbrand auf unserer Seele, das Destruktive in uns, das unsere Handlungen und Entscheidungen, also unser Leben bestimmt, und nicht das Potential, die innere Freiheit, die Fähigkeit zur Liebe, die auch in uns schlummern.

Wie könnte man nun aber auf die Ressourcen und das Potential, die grundsätzlich in uns und in jeder Beziehung stecken, zurückgreifen? Auf unser Beispiel bezogen: Wie hätten Julia und Jonathan mit ihrem Nicht-Verstehen und Nicht-Einverstandensein umgehen können? Wie könnten beide das Geschehene und Gesagte dekodieren? Und für den Fall, dass durch Dekodieren das Geschehene verstanden wurde, es aber dennoch nicht zu einer Entlastung kommt, welchen Weg hätten sie dann zu beschreiten?

Schauen wir uns dazu zunächst die Deutungsmöglichkeiten von Julias Verhalten aus der Sicht von Jonathan an. Jonathan könnte die Distanz, die Julia aufbaut, auch so deuten: Er weiß von der Beziehung, die Julia vor ihm hatte, dass sie sehr innig und intensiv war, aber unglücklich und von ihr ungewollt doch zu Ende ging. Dieses Ende hat Julia nicht richtig verarbeitet und daher auch nicht überwunden. Bis heute bleiben für sie ein dumpfer Schmerz und eine diffuse Angst zurück, dass Beziehungen, auch wenn sie schön sind, doch zerbrechen und dass jede auch noch so kleine Störung in der Beziehung das traurige Ende prophezeit.

Jonathan weiß all das aus vielen Gesprächen mit Julia. Wenn er nun nicht aus gekränkter Eitelkeit die Beziehung auf Eis gelegt, sondern versucht hätte, sich in Julia hineinzuversetzen und die Dinge mit ihren Augen zu sehen, könnte ihm bewusst werden, dass die Distanz, die sie ausstrahlt, nicht gegen ihn gerichtet ist, sondern ein Ausdruckt ihrer Ängste und ein Schutzmantel um sich selbst. Der Kuss auf der Feier hat ihre alte Unsicherheit und ihre verschleppte Angst neu belebt. Das Motiv von Julia war also nicht, sich von Jonathan zu trennen, sondern sich vor weiteren Enttäuschungen und Verletzungen zu schützen. Aber mit den Augen von Julia zu sehen kann nur gelingen, wenn Jonathan einen Zugang zu seiner eigenen inneren Größe, seinem Potential und seiner Liebe zulässt. Wenn er Platz für Julia in sich haben will, muss er selbst wachsen. Darin liegt die Verzauberung der Liebe und Hingabe.

Auch Julia hat die Möglichkeit, diesen Prozess zu durchlaufen. Auch sie kann Jonathans Verhalten mit seinen Augen sehen und den Kuss anders deuten. Dadurch würde sie ihre Energie nicht dafür verwenden, eine Schutzmauer um sich zu errichten, sondern dafür, ihre Altlasten zu beseitigen und damit zu beginnen, ihren wunden Punkt zu heilen. Wenn es beiden, Julia und Jonathan, gelingen würde, so zu fühlen und zu denken, dann hätten sie eine reelle Chance, ihre Konflikte zu bewältigen und ihre Beziehung harmonisch fortzusetzen. Was sie mit dieser Sichtweise auch erreichen würden, geht aber weit darüber hinaus. Sie würden Ballast abwerfen und sich selbst näherkommen. Ein Selbst, das lebendiger, authentischer, selbstbestimmender und dadurch liebes- und hingabefähiger ist.

Fazit:

In jeder Beziehung kommen immer wieder Situationen vor, in denen man als Reaktion auf eine Äußerung oder das Verhalten des Partners denkt oder sagt: „Das verstehe ich nicht." In aller Regel ist mit diesem Satz gemeint: „Ich bin damit nicht einverstanden." Das heißt also, es fehlt an Verständnis. Und je größer die Betroffenheit, Wut, Angst, Verbitterung oder Enttäuschung ist, aus denen die Aussage „Das verstehe ich nicht" hervorgeht, umso nachhaltiger der Widerstand und die Verwechslung von Nicht-Verstehen und Nicht-Einverstandensein. Weil man sich oft weder um das Verstehen noch um das Verständnis bemüht, bleibt die Last erhalten, die sie beide hinterlassen, und die Summe solcher Erlebnisse bestimmt den Verlauf der Beziehung.

Weil Äußerungen und Verhalten von dem einen unterschiedlich gemeint sein können und von dem anderen ebenso unterschiedlich interpretiert und bewertet werden können, sollte erst durch Dekodieren geklärt, also verstanden werden, worum es überhaupt geht. Bei einfachen Problemen führt dies bereits zu einer Lösung. Wenn es aber um tiefgreifende Konflikte geht, reicht das bloße Verstehen alleine nicht immer aus. In der Regel scheitern Beziehungen auch nicht daran, dass man etwas nicht verstanden hat, sondern daran, dass man mit etwas nicht einverstanden ist. Erst jetzt kommt der entscheidende Schritt, wenn man etwas für die Beziehung tun will und deshalb einen Konflikt wirklich bewältigen möchte.

Dieser Schritt ist der Übergang von dem befremdenden Nicht-Verstehen und Nicht-Einverstandensein zu dem verbindenden Verständnis. Er besteht darin, sich in den anderen einzufühlen und die Dinge mit seinen Augen zu sehen. So gelingt es, die Eisschichten, die in einer Beziehung immer wieder entstehen können, durch den warmen Hauch der Hingabe und Liebe zu schmelzen. Die tiefgreifende Wirkung und das große Potential, welches das Streben nach Verständnis in sich birgt, zeigen sich dadurch, dass Verständnis nicht nur ein Heilmittel für Beziehungen ist, sondern auch ein Elixier für die Entfaltung der eigenen Persönlichkeit. Denn wenn ich für andere Platz in mir schaffen will, muss ich zuerst wachsen. Poetisch formuliert: Empathie ist ein wesentlicher Bestandteil der Autonomie.

13.
Von der bitteren Wahrheit und süßen Lügen

Die Autorität der Wahrheit, ihr Anspruch, höchstes Gebot und oberstes Ziel zu sein, wird einem dadurch bewusst, dass sie in einer Reihe mit Liebe, Sinn und Gott Platz findet.

Aber was ist die Wahrheit?

Mit dieser Frage haben sich schon große Geister und Philosophen seit jeher auseinandergesetzt und eine globale, allgemeingültige Antwort lässt immer noch auf sich warten; und das weitere Suchen überlassen wir auch den Philosophen. Für unsere Zwecke, Kunstfehler in Beziehungen und Partnerschaften aufzuspüren, bedienen wir uns einer Definition der Wahrheit, die pragmatisch, nützlich und alltagsgerecht ist. Das heißt, wir wollen unter Wahrheit die Wiedergabe von Fakten und Tatsachen verstehen. Beispiele für solche Wahrheiten sind: „Heute ist Montag, meine Eltern sind geschieden, ich verdiene monatlich 2000 Euro netto", und so weiter. Auch die Wiedergabe der eigenen Gedanken und Empfindungen wie „Mein Job macht mir Spaß, Erdbeeren schmecken fantastisch, ich vermisse meine Ex-Frau, ich mag meine Cousine nicht" sind nach dieser Definition Wahrheiten. Es sei noch darauf hingewiesen, dass Aussagen wie „Erdbeeren schmecken fantastisch" als subjektive Empfindungen nicht die Realität wiedergeben, aber eben als Wiedergabe der eigenen Empfindungen der Wahrheit entsprechen.

Mit dieser einfachen und alltagsnahen Auffassung von Wahrheit können wir nun sehen, dass der Umgang mit Wahrheit nicht so einfach ist wie die Wahrheit selbst, dass er sogar dunkle Seiten haben und sehr destruktiv sein kann. Dazu schauen wir uns ein Beispiel an. Eine Frau, nennen wir sie Eva, hat zwei Kolleginnen, Frau Motzig und Frau Herzlich. Frau Motzig ist eine unangenehme, rechthaberische Arbeitskollegin, die häufig unfreundlich und selten hilfsbereit ist. Sie hat Eva auch schon des Öfteren beleidigt und deshalb mag Eva sie nicht. Frau Herzlich ist geradezu das Gegenteil. Sie ist empathisch, hilfsbereit und freundlich und macht ihre Arbeit gut und gewissenhaft.

Zu einer Grillparty lädt der Chef die ganze Abteilung, also auch Eva und ihre beiden Kolleginnen, zu sich nach Hause ein. Was Eva an diesem Abend besonders gut gefällt, ist, dass Frau Motzig nicht passend gekleidet ist und unangenehm auffällt. Als Frau Motzig im Flur vor dem Spiegel ihr Kleid zurechtrückt und triumphierend zu Eva sagt: „Ist das nicht ein bezauberndes Kleid?", antwortet Eva mit innerer Genugtuung: „Ganz im Gegenteil! Wir sind ja zu einer Grillparty eingeladen und nicht zu einem Galaabend." Eine Äußerung, die Frau Motzig verunsichert und ihr den Abend ruiniert.

Eva hat hier das gesagt, was sie empfand, also die Wahrheit. Doch ging es ihr wirklich um die Wahrheit im moralischen und ethischen Sinne? Höchstwahrscheinlich nicht. Ihr Beweggrund war, der unsympathischen und rechthaberischen Kollegin eins auszuwischen. Auch wenn Evas Motiv nicht Rache gewesen wäre, sondern eine ehrliche Antwort zu geben – das Ergebnis bliebe das gleiche: Für Frau Motzig ist der Abend ruiniert.

Als später ihre Freundin Frau Herzlich ankommt, stellt Eva mit Sorge und Entsetzen fest, dass diese noch unpassender gekleidet ist als Frau Motzig. Während sie Eva zur Begrüßung umarmt, flüstert Frau Herzlich ihr leise ins Ohr: „Wie findest du mein Kleid?"

Eva antwortet, ohne zu zögern: „Toll! Lass uns den Abend genießen."

Hier hat Eva nicht das gesagt, was sie wirklich empfand – und daher auch nicht die Wahrheit. Denn was wäre hier die Wahrheit? „Du bist unmöglich angezogen. Was sollen unser Chef und seine Gäste von dir denken?!" Und was wäre die Folge dieser Wahrheit? Die liebevolle und unsichere Frau Herzlich würde sich zu Tode schämen, am liebsten im Boden versinken, der ganze Abend wäre für sie eine Qual und sie würde unter einem Vorwand schnell der Peinlichkeit entfliehen.

Die Tatsache, dass sich Eva ganz unterschiedlich ihren beiden Kolleginnen gegenüber verhalten hat, soll verdeutlichen, was mit der „bitteren Wahrheit" und den „süßen Lügen" gemeint ist: Die Wahrheit ist nicht immer ein Segen und die Unwahrheit nicht immer ein Fluch.

Dieses Beispiel zeigt auch, dass die Wahrheit, also die Wiedergabe von Fakten, Ereignissen, Gedanken und Gefühlen, *per se* weder gut noch schlecht ist. Erst die Absicht hinter der Wahrheit oder Nicht-Wahrheit macht sie zu etwas Wertvollem und Sinnhaften oder zu etwas Schädlichem, gar Zerstörerischem.

Um die Unterscheidung zwischen positiven und sinnhaften gegenüber negativen und schädlichen Folgen von Wahrheit und Nicht-Wahrheit greifbar zu machen, verwenden wir den Begriff „Aufrichtigkeit". Äußerungen, die auf einer guten Absicht basieren, die dem Frieden und der Entlastung dienen, die Schaden vermeiden und aufbauend sind, unabhängig davon, ob sie inhaltlich wahr oder nicht wahr sind, nennen wir aufrichtig. Dagegen bezeichnen wir solche Äußerungen als unaufrichtig, die nur dem Zweck der Entblößung, des Rechtbehaltens oder des guten Abschneidens dienen oder mit denen man sich der eigenen Verantwortung entzieht oder die nur aus einem zwanghaften und unreflektierten Drang nach Wahrheit gemacht werden. Demzufolge ist die Äußerung von Eva gegenüber Frau Motzig: „Du bist nicht passend angezogen" zwar wahr, aber nicht aufrichtig. Dagegen ist Evas Äußerung gegenüber Frau Herzlich: „Du bist toll angezogen!" zwar nicht wahr, aber aufrichtig.

Um von vornherein jeden voreiligen Schluss und jede unzutreffende Verallgemeinerung im Sinne von: „Unangenehme Wahrheiten sollte man vermeiden und ‚Notlügen' sind in jedem Fall zulässig" auszuschließen, bringen wir eine kleine Veränderung in das obige Beispiel. Als Eva und Frau Herzlich von ihrem Chef eingeladen werden, vereinbaren sie, dass Eva vor dem Fest auf ein Gläschen zu Frau Herzlich kommt und dass sie dann gemeinsam zu dem Fest fahren. Als sie die Wohnung von Frau Herzlich betritt, bleibt Eva vor Schreck stehen. Sie fragt Frau Herzlich: „Du willst doch nicht etwa mit diesem Kleid zu dem

Fest gehen, oder? Wir sind doch zu einer Grillparty und nicht zu einem Galaabend eingeladen." Zuerst ist Frau Herzlich entsetzt und enttäuscht, aber nach ein paar Argumenten sieht sie ein, dass sie sich besser umziehen sollte, und ist sehr dankbar und froh, dass Eva sie vor einer großen Blamage bewahrt hat. Dann trinken sie ihren Sekt, fahren zur Party und genießen den Abend.

In diesem Szenario hat Eva die Wahrheit gesagt, obwohl die Wahrheit erst einmal wehtut. Aber dieses Mal ist die Wahrheit gleichzeitig auch Aufrichtigkeit, weil sie sinnvoll ist. Sie ist deshalb sinnvoll, weil die Kollegin jetzt noch die Wahl und die Möglichkeit hat, neu zu entscheiden und sich umzuziehen und die Blamage zu vermeiden.

In Beziehungen, um die es uns ja hauptsächlich in diesem Buch geht, ist Aufrichtigkeit kein gängiger Begriff. Die gängigen Begriffe sind hier Vertrauen, Treue, Geheimnisse, Fremdgehen, Betrug und Ähnliches. Was diese Begriffe wirklich aussagen und vermitteln, ist mit den Maßstäben von Wahrheit und Lüge nicht ausreichend und tiefgründig genug zu erfassen. Denn Wahrheit und Lüge kennen nur Fakten und Abläufe, also das Objektive und Beobachtbare. Sie erfassen nicht die Absicht hinter den Fakten und Abläufen, das Wesentliche, das Unsichtbare, das aus dem Herzen entspringt oder auf Verantwortung basiert oder rein egoistisch orientiert ist. Denn hier gelten folgende Maßstäbe: die an Prinzipien orientierte Moralität, die auf Religion, Gesetzen und Normen basiert, und die personengebundene, das heißt an Liebe orientierte Moralität. In diesem Sinne nun ein konkretes Beispiel dafür, dass es auch in Beziehungen mehr Sinn macht, mit dem Maßstab der Aufrichtigkeit zu urteilen, als mit Wahrheit und Lüge zu hantieren.

Ein Mann, der seit Jahren in einer harmonischen Beziehung mit seiner Ehefrau lebt, muss für eine Woche auf eine Geschäftsreise ins Ausland. Tagsüber stehen viele Vorträge auf dem Programm; deshalb freut er sich am Abend auf einen Cocktail bei Klaviermusik in der Hotelbar. Dort lernt er eine Frau kennen, die auch geschäftlich unterwegs ist. Sie finden einander sympathisch. Beim Abendessen sitzen sie häufig am selben Tisch und führen viele nette Gespräche. An einem Abend trinken sie ein paar Gläschen mehr als sonst, die Gespräche werden intensiver und allmählich auch intimer, die Hände berühren sich – und letztlich endet der Abend damit, dass sie die Nacht gemeinsam verbringen.

Nun, was wird aus diesem Ereignis? Diese Frage ist vollkommen sinnlos. Denn das Ereignis als solches ist, wie schon öfter betont, kein Maßstab und nicht die oberste Instanz, die darüber entscheidet, was daraus wird, sondern es ist der Mensch, hier der Ehemann, der entscheidet, was er aus diesem Ereignis macht: ein süßes Geheimnis, ein schönes Blatt im Tagebuch seiner Erinnerungen oder einen Verrat, Untreue, schlechtes Gewissen, Schuldgefühle oder eine Mischung aus alledem. Wie spiegelt sich dieses Ereignis wider, was bewirkt es, wenn er seiner Frau wieder begegnet? Was antwortet er, wenn seine Frau fragt:

„Wie war deine Reise? Was hast du so alles erlebt? Lief es wie sonst oder gab es etwas Besonderes?"

Was soll er sagen? Was ist das Richtige? Die Wahrheit oder die Lüge? Wovon soll er ausgehen? Von einer personengebundenen oder einer prinzipienorientierten Moralität? Soll er aus Liebe und Zuneigung handeln oder einer religiös oder ethisch gebundenen Moral folgen? Keiner außer ihm selbst kann diese Fragen beantworten. Denn nur er kennt die Wahrheit, und wer die Wahrheit kennt, ist auch dafür verantwortlich, wie er mit dieser Wahrheit umgeht. Er kann zum Beispiel denken: „Ich liebe meine Frau und meine Ehe ist mir sehr wichtig. Was würde die Wahrheit ‚Ich hatte eine schöne Nacht mit einer interessanten Frau' bringen? Meine Frau wäre sehr verletzt, enttäuscht, traurig und wütend. Die ewigen Fragen: ‚Wie konnte das passieren? Wie konnte er das tun?' würden sie quälen. Das will ich nicht. Diese Wahrheit ist destruktiv und sinnlos." Deshalb trifft er die Entscheidung, die Wahrheit zu verschweigen, und das nach seiner Überzeugung mit der besten Absicht, um sozusagen nach dem Prinzip der Aufrichtigkeit zu handeln. Er geht hier den Weg der personengebundenen beziehungsweise der an Liebe orientierten Moralität.

Dennoch ist es trotz des bereichernden Handelns nach dem Maßstab der Aufrichtigkeit manchmal sehr schwierig, aufrichtig zu handeln. Zum Beispiel dann, wenn widersprüchliche Interessen einen in entgegengesetzte Richtungen ziehen, wenn man also zwei Absichten gleichzeitig im Herzen trägt, die sich widersprechen. Um dies zu verdeutlichen, wählen wir folgende Variante des obigen Beispiels.

Wenn sich dieser Ehemann in eine andere Frau verliebt und aus einem einmaligen schönen Erlebnis eine länger anhaltende Affäre wird, ändert sich die Situation nicht nur quantitativ, sondern auch qualitativ. Der wesentliche und entscheidende Unterschied zur ersten Variante liegt darin: Derjenige Teil der Gefühle und Gedanken, der physischen und psychischen Präsenz, den er seiner Geliebten widmet, ist genau der Teil, den er seiner Frau entzieht. Er hätte zwar immer wieder die Möglichkeit, mit seiner Frau darüber zu sprechen, aber er schweigt. Wie lässt sich nun sein Schweigen deuten? Wenn er sich immer wieder für das Schweigen entscheidet, handelt er nicht mehr aus reiner Aufrichtigkeit. Denn auch die Absicht hinter seinem Schweigen und seinen Notlügen ändert sich; er hat nun eine gemischte Absicht. Zum einen möchte er seine Verliebtheit genießen, zum anderen möchte er aber auch seine Ehe fortsetzen. Während er für seine Affäre allein die Verantwortung trägt, betrifft die Fortsetzung der Ehe auch seine Frau, doch ihre Verantwortung für die Gestaltung und den Fortgang der Ehe unter der Voraussetzung der Affäre ihres Mannes wird der Frau durch sein Schweigen genommen. Aus diesem Grund ist sein Schweigen keine reine Aufrichtigkeit mehr, denn dieses Schweigen, das egoistisch geprägt und unfair scheint, ist langfristig weder ein wirksames Mittel noch eine gesunde Basis, um die Ehe fortzusetzen.

Die obigen Gedanken können wir auch unter einem anderen Motto formulieren: Wie weit geht mein Recht auf Geheimnisse in einer Beziehung? Wenn ein Geheimnis einen selbst betrifft, kann es bewahrt werden. Wenn aber durch mein Geheimnis das Interesse des anderen ignoriert wird, dann ist solch ein Schweigen fragwürdig. Dies sind die gleichen Gedankengänge, die vorher mit der Differenzierung zwischen Wahrheit und Aufrichtigkeit zum Ausdruck gebracht wurden.

Auf den Punkt gebracht:

Vertrauen gehört zur Basis einer Beziehung, aber Vertrauen bedeutet nicht, dass man selbst alles sagt und verrät und alles über den anderen wissen muss. Das heißt: Jeder hat ein Recht auf seine Geheimnisse. Eine harmonische und stabile Beziehung zeichnet sich auch durch den Platz für Geheimnisse des anderen aus. Es ist nicht nur pragmatisch, sondern auch sinnvoll, die Frage nach dem Ausmaß eines Geheimnisses auf die Frage zu reduzieren, ob man nach den Kategorien Wahrheit und Lüge oder nach dem Leitfaden der Aufrichtigkeit handeln möchte. Dabei ist es entscheidend, darauf zu achten, dass Aufrichtigkeit ein Kompass ist, der nicht nur auf die eigenen Bedürfnisse, sondern auch auf die Interessen des anderen hinweist.

Der kategorische Imperativ,[8] angepasst an unser Thema, lautet: Wenn es um deine Entscheidung zu Wahrheit, Geheimnis, Moral und Aufrichtigkeit und so weiter geht, dann handele so, als seist du zugleich Angeklagter, Verteidiger und Richter. Und auf der Nebenklägerbank sitzt dein Partner. Führe diesen

Prozess so, dass du am Ende dir selbst und deinem Partner mit einem reinen Gewissen, einem warmen Gefühl im Herzen und einem Lächeln auf den Lippen in die Augen schauen kannst.

14.
Fliehen, Gehen oder Bleiben?

Jedes Lebewesen reagiert permanent auf sein Umfeld, um seine inneren Prozesse durch Anpassung an äußere Gegebenheiten im Gleichgewicht zu halten. Dieses Gleichgewicht wird dadurch erreicht, dass manchmal etwas im Inneren und manchmal etwas an den äußeren Umständen geändert wird. Wenn zum Beispiel Zugvögel Durst haben, trinken sie. Also ändern sie etwas in ihrem Inneren. Wenn aber die kalte Jahreszeit beginnt, ziehen sie in wärmere Regionen. Also ändern sie ihr Umfeld. Dieses Lebensprinzip gilt auch in kleinen Einheiten, zum Beispiel in einer Beziehung. Eine Beziehung vollzieht sich im ständigen Austausch zweier Menschen. Wir Menschen verfügen jedoch nicht über die weisen und rettenden Instinkte eines Vogels, die uns unbeirrt zeigen würden, wie viel wir außen und wie viel wir innen verändern müssen. Anstelle dessen denken und planen wir entsprechend unserer Einstellung, treffen Entscheidungen und setzen sie um. Aber der Fehler, der sich hier einschleicht, ist, dass unsere Einstellung selten eine klare Grenze zwischen innen und außen ziehen kann. Manchmal versuchen wir, etwas außen zu verändern, obwohl eine Veränderung im Inneren nötig wäre, und manchmal umgekehrt. Manchmal ist auch eine Veränderung von beidem notwendig. Gerade in Beziehungen ist die ausgewogene Wahl zwischen inneren und äußeren

Veränderungen von entscheidender Bedeutung. Das wird in folgendem Beispiel erörtert.

Drei verheiratete Frauen erleben ihre Ehe als unglücklich und sehr belastend und alle drei begründen es wie folgt: „Mein Mann ist zwar treu, ehrlich und fleißig – aber er ist so todlangweilig. Abends kommt er müde nach Hause und wir können nicht viel unternehmen. Überhaupt spricht er viel über seine Arbeit, zu der ich keinen Bezug habe. Und nicht alles, was er als Hobby betreibt, interessiert mich. Der Haushalt ist schnell erledigt und die restliche Zeit ist mit Zeitunglesen und Fernsehen auch nicht so berauschend und befriedigend ausgefüllt – praktisch hänge ich nur sinnlos rum. Hinzu kommt, dass unsere kleine Wohnung mich einengt." Und alle drei Frauen fassen ihre Unzufriedenheit so zusammen: „Ich bin unglücklich, weil meine Ehe unglücklich ist. Und daran ist mein Mann schuld. Wäre er nicht so langweilig, hätte er einen besseren Job, spannendere Hobbys und interessante Freunde, dann wäre auch unsere Ehe lebendiger und mein Leben glücklicher."

Nachdem sie alle drei, die wir Frau F., Frau B. und Frau G. nennen wollen, ihrer Ansicht nach lange genug gelitten haben, fragen sie sich, was sie nun machen sollen. Und so treffen sie, trotz gleicher Erlebnisse, ganz unterschiedliche Entscheidungen.

Frau F. bleibt bei ihrer Überlegung, dass ihr Mann der Grund ihres Unglückes ist und folgerichtig die Beendigung der Ehe ihre Rettung wäre, worauf sie sich allmählich innerlich und letztlich auch äußerlich von ihrem Mann trennt. So logisch auch ihre Gedanken und so konsequent ihre Entscheidung klingen mögen, sie bleiben jedoch an der Oberfläche, weil Frau F. nur ihr äußeres Umfeld geändert hat, ohne zu schauen, ob nicht vielleicht auch etwas in ihrem Inneren, in ihr selbst, geändert werden sollte. Das ist etwa so, als würde man seine Zahnschmerzen nur mit Schmerzmitteln behandeln, obwohl eine Wurzelbehandlung notwendig wäre. In dieser Konstellation ist der Fakt, dass Frau F. ihren Mann verlassen hat, eine Flucht. Sie flieht, ohne zu ahnen, dass das, wovor sie flieht, bereits in ihren Koffer eingepackt ist. Aber warum dem so ist und was Fliehen wirklich bedeutet, wird klar, wenn wir die Entscheidungen der anderen beiden Frauen betrachten.

Frau B. denkt: „Ich bin deshalb unglücklich, weil meine Ehe unglücklich ist. Und für das Unglück meiner Ehe mache ich meinen Mann verantwortlich. Ich gebe ihm die Schuld an allem, als wäre er alleine der Architekt unserer Ehe und ich nur die leidende Beobachterin und das Opfer. Das stimmt irgendwie nicht. Ich gestalte unsere Ehe mit, vielleicht mache ich etwas dabei nicht ganz richtig. Wenn ich ehrlich bin, habe ich ja auch schon seit einiger Zeit eine Ahnung, was ich machen soll. Anstatt zu jammern, sollte ich meinen Alltag sinnvoller gestalten. Ich habe ja manchmal solche schönen Träume. Vielleicht sind meine Träume die Stimmen meiner inneren Engel, die mich wachrütteln und retten wollen, die mir einen Weg zeigen, den ich gehen soll." Daraufhin trifft sie die Entscheidung, endlich die Ausbildung zu machen, von der sie immer wieder geträumt hat. Nach dem erfolgreichen Abschluss ergreift sie eine entsprechende Tätigkeit, der sie mit Freude nachgeht. Nach und nach merkt Frau B., dass sie sich durch ihre Arbeit, ihre neuen Bekannten und Freundschaften lebendiger fühlt, dass sie nun auch die Abende und Wochenenden entweder wieder mit Freude mit ihrem Mann verbringt oder mit ihren Kollegen und Freunden etwas unternimmt und eine schöne Zeit hat. Dadurch, dass sie sich selbst und nicht mehr ihre Ehe für ihr Glück verantwortlich macht, wird Frau B. im Laufe der Zeit zunehmend gelassener, besonnener und konstruktiver. Aus dem neu gewonnenen Selbstvertrauen gewinnt ihr Herz den Mut, sich für ihren Mann wieder zu öffnen, und ihre Seele die Muße, eine frische Brise neu erwachter Verliebtheit einzuatmen. Da das Gewicht des Lebens nicht mehr allein auf der Säule ihrer Ehe lastet, sondern auch auf die Arbeit, Freundschaften und Hobbys verteilt ist, wird die Ehe automatisch entlastet, leichter und harmonischer. Letzten Endes bedeutet ihre Entscheidung, dass sie bleibt und die Ehe fortführt. Es wird explizit darauf hingewiesen, dass die äußeren Veränderungen im Leben dieser Frau die Folgen der Veränderung ihrer Einstellung, also ihrer inneren Prozesse sind. Das heißt, die Folgen ihres Blicks nach innen und der Umsetzung der Erkenntnis, dass nicht ihr Mann allein, sondern auch sie selbst Gestalter ihrer Ehe ist.

Nun zu Frau G. Als sie mit sich in Klausur geht, hat sie die gleichen Überlegungen und die gleichen Träume wie Frau B. Auch sie wirft einen Blick nach innen, überprüft ihre Einstellungen und verändert sie. So entscheidet sie sich für mehr Selbstbestimmung, zum Beispiel dafür, einer Tätigkeit nachzugehen, ihren eigenen Freundeskreis aufzubauen und ihre Hobbys zu pflegen. Sie erreicht es, mit sich und ihrem Alltag in Einklang zu kommen: Sie findet ihre Wochenenden nicht mehr langweilig, die Wohnung wirkt nicht mehr eng und erdrückend und vor allem fühlt sie sich von den Verhaltensmustern ihres Mannes nicht mehr belastet. Frau G. ist letztlich nicht mehr darauf angewiesen, was ihr Mann zur Verbesserung der Ehe und zu ihrem Glück beitragen könnte. Sie hat viel erreicht und doch scheint etwas nicht zu stimmen. Sie fühlt sich in ihrer Ehe nicht gut aufgehoben und in der gemeinsamen Wohnung nicht zu Hause. Durch ihre Entwicklung hat sie jedoch gelernt, auf ihre innere Stimme zu hören. So muss sie sich schweren Herzens eingestehen, dass sie ihren Mann nicht mehr liebt und dass es ein Verrat an beiden wäre, bei ihm zu bleiben. Sie nimmt diesen Schmerz an und trifft die Entscheidung, sich zu trennen, was sie in voller Übereinstimmung von Kopf und Herz umsetzt. Sie geht ihren eigenen Weg und sie geht ihn mit entschlossenen Schritten. Sie hat nicht nur das Innere geändert, sondern auch ihr äußeres Umfeld – wie der Vogel, der nicht nur seinen Durst stillt, sondern auch mit entschlossenen Flügelschlägen in die Wärme zieht.

Nun wird gewiss ersichtlich, weshalb die drei Frauen mit F., B. und G. benannt wurden: „F" steht für Fliehen, „B" für Bleiben und „G" für Gehen.

Nun folgt ein Vergleich dieser drei Entscheidungen.

Mit „Fliehen" verbindet man im Allgemeinen Folgendes: Ein Lebewesen befindet sich in Gefahr oder fühlt sich bedroht.

Indem es flieht, entgeht es der Bedrohung und der Gefahr. Es ist also vorerst gerettet. In diesem Sinne bedeutet Fliehen etwas Positives. Dagegen vermitteln Bleiben und Gehen im Allgemeinen etwas Neutrales. „Bleiben" bezeichnet einen statischen Zustand, unabhängig davon, wie dieser Zustand ist. Und „Gehen" bedeutet in der Regel den Übergang von Punkt oder Situation A zu Punkt oder Situation B.

Diese üblichen Auffassungen von „Fliehen", „Bleiben" und „Gehen" treffen aber nicht zu, wenn wir sie in Verbindung mit Beziehungen betrachten. Hier bekommen diese drei Begriffe eine ganz andere Bedeutung und vermitteln etwas gänzlich Verschiedenes. Sie spiegeln essentielle Entscheidungen wider, die wir im Allgemeinen treffen, ohne ihre konstruktiven beziehungsweise destruktiven Folgen bewusst in Betracht zu ziehen. Genau dies wurde durch die drei obigen Beispiele verdeutlicht und greifbar gemacht.

Mit „Fliehen" aus einer Beziehung meinen wir nur eine bloße Veränderung der äußeren Umstände und der Situation. Die Einstellung jedoch, die zu dem Fliehen führt, nimmt man mit; diese Einstellung entsteht durch das Zusammenwirken von destruktiven Abhängigkeiten, Ängsten, einem geringen Ur- und Selbstvertrauen, negativen Routinen und letztlich einer erlebten inneren Ohnmacht, dem Gefühl, den Umständen nicht gewachsen zu sein. Es liegt nun nahe zu erkennen, dass diese Einstellung einen daran hindert, einen Einblick in die wahre Ursache seiner Probleme zu bekommen. Darüber hinaus empfindet man Freiheit und Selbstbestimmung eher als bedrohlich und entwickelt sogar unbewusst, wenn auch konsequent Überzeugungen wie: „Nur ein anderer kann mich retten und mich in mein Glück tragen."

Gehen wir nun davon aus, dass das Fliehen gelingt. Aber wo kommt man an? Ist man wirklich gerettet? Wahrscheinlich nicht. Denn nur in Komödien ist das Leben immer voller Friede und Freude und am Ende lebt der Prinz mit dem Mädchen vom Bauernhof glücklich bis an das Ende ihres Lebens. Im realen Leben aber sind Probleme, Konflikte, Disharmonien, Enttäuschungen und so weiter unvermeidbar. Mit der Einstellung, dass Fliehen die einzige Rettung ist, setzt man sich jedoch gewohnheitsmäßig mit den realen Gegebenheiten, den Beziehungs- und Lebenskrisen nicht angemessen auseinander, sondern man flieht. In einem Satz: Fliehen, wie es hier erörtert wurde, ist nie die Lösung für anhaltende „Beziehungsprobleme". Denn wir wissen jetzt, dass schon das in den Koffer eingepackt ist, wovor man flieht. Und bei Belastungen in der nächsten Beziehung wird der Koffer wieder geöffnet und man flieht wieder.

Aber was wollen wir unter „Bleiben" verstehen? Man bleibt in einer Beziehung entweder, wenn man seine inneren Prozesse und die äußeren Gegebenheiten so weit geändert hat, dass man sich in seiner Beziehung wieder wohlfühlt. Das bedeutet eine Wiederversöhnung mit sich und dem Leben. Man ist also durch die Beziehung gewachsen. Oder man bleibt in einer unbefriedigenden Beziehung, weil die Kraft und der Mut weder zum Gehen noch zum Fliehen ausreichen und man die eigenen Abhängigkeiten als unüberwindliche Hindernisse wahrnimmt. Beispiele für diese Art des Bleibens, das im Kern Resignation verkörpert, sind viele langjährige, aber unglückliche Beziehungen, die mit diversen Begründungen mühsam aufrechterhalten werden. Die unbewusste Einstellung lautet auch hier: Leiden ist einfacher als Verändern. Mit uns vertrauten Worten: Hier werden weder die innere Einstellung noch die äußeren Umstände in Angriff genommen. Am Rande sei bemerkt: Diese Art zu bleiben führt ebenso wenig zu Erfüllung wie Fliehen.

Was meinen wir aber mit „Gehen"? Gehen, so wie es Frau G. vollzogen hat, ist nicht ein neutraler Übergang von einer Situation in eine andere oder eine bloße Veränderung der äußeren Umstände. Gehen ist ein aktiver Prozess, in dem man alle äußeren und inneren Notwendigkeiten wahrnimmt und erledigt. Mit anderen Worten: Gehen ist – genau wie Bleiben mit Freude – die volle Übernahme der Verantwortung für das eigene Leben, die Entdeckung und Behauptung der eigenen Grenzen.

Quintessenz:

Eine Beziehung ist ein dynamischer Prozess, ein Wandeln und ein Wandern. Und je nachdem, mit welchen Problemen und Konflikten man konfrontiert wird, und je nachdem, ob man gerade die sonnigen Gipfel der Beziehung erlebt oder sich durch ihre engen, dunklen Täler schleppt, kommen die panischen Gedanken des Fliehens, die Lust oder die Trägheit zu bleiben oder der Drang zum Gehen. Bei diesem Wandeln und Wandern ist Bleiben mit Freude oder Gehen mit Schwung immer ein Ja zu sich selbst, ein Ja zum Leben und daher eine weise Entscheidung. Fliehen ist dagegen selten die Rettung. Es können jedoch durchaus Situationen im Leben vorkommen, in denen eine Flucht in der Tat das Gebot der Stunde ist. Doch in aller Regel ist Fliehen die Folge davon, dass man es verpasst hat, rechtzeitig dafür zu sorgen, dass man gelassen in der Beziehung bleiben kann oder entschlossen geht.

15.
Von der Unmöglichkeit, nicht logisch zu denken

Man verbindet mit Logik und logischem Denken Mathematik, Philosophie und Naturwissenschaften. Daher scheint ein Kapitel, das logisches und unlogisches Denken behandelt, in einem Buch über Liebe, Gefühle und zwischenmenschliche Beziehungen etwas fehl am Platze zu sein. Dem ist aber nicht so. Logik und Kausalität sind verschiedene Facetten der Realität und liegen allen Prozessen im Leben, also auch menschlichem Handeln und zwischenmenschlichen Beziehungen zugrunde, auch wenn dies uns nicht immer gegenwärtig und bewusst ist.

Deshalb wollen wir in diesem Kapitel die folgenden Themen näher erörtern: Was bedeutet es überhaupt, logisch zu denken und zu handeln? Dann überprüfen wir die Behauptung, dass alle Schritte und Handlungen von beiden Partnern in einer Beziehung immer logisch sind, und beantworten die Frage: Wenn alle Beteiligten immer logisch handeln, warum ist das Ergebnis nicht immer befriedigend, manchmal sogar destruktiv und zerstörerisch? Und schließlich suchen wir Ansätze, die über unser logisches Denken hinaus Wege eröffnen, die zu befriedigenden Beziehungen führen.

Nun zu den ersten Gedanken. Dazu stelle ich drei Behauptungen auf und bitte dich, unmittelbar dazu Stellung zu nehmen.

Erstens: Du denkst immer.

Zweitens: Du denkst immer logisch.

Drittens: Du handelst immer logisch.

Mit diesen drei Behauptungen habe ich in den letzten Jahrzehnten hunderte Menschen konfrontiert. Wahrscheinlich wird sich deine Stellungnahme nicht sehr von deren Antworten unterscheiden. Sie lauten in aller Regel:

Du denkst immer. – „Ja."

Du denkst immer logisch. – „Nicht immer."

Du handelst immer logisch. – „Nein."

Dagegen lautet die zutreffende Antwort auf alle drei Behauptungen „Ja". Um das zu verstehen, müssen wir erst verstehen, was überhaupt logisches Denken und Handeln bedeutet. Dann wird auch klar, dass wir immer und zwangsläufig logisch denken, und außerdem, warum das logische Denken manchmal zu unerwünschten Ergebnissen führt. Ein alltägliches Beispiel soll diese nicht alltäglichen Behauptungen nachvollziehbar machen.

Jemand verlässt morgens das Haus, steigt in sein Auto, stellt das Radio an und fährt los. Just in diesem Moment wird im Wetterbericht durchgesagt, dass ab Mittag mit starkem Regen zu rechnen ist. Er weiß, dass er am Mittag eine Verabredung in der Fußgängerzone hat. Er muss also zu Fuß gehen, will aber auch nicht klatschnass zu der Verabredung erscheinen. Folglich dreht er um, geht noch einmal ins Haus und holt sich einen Schirm.

Mittags, als er sein Büro mit dem Schirm in der Hand verlässt, stellt er fest, dass der Himmel strahlend blau ist und die Sonne scheint.

Die Frage lautet nun: War das Verhalten dieses Menschen, noch extra einen Schirm zu holen, logisch oder nicht? Natürlich war es logisch! Dieser Mensch ging von der Grundannahme aus, dass es regnen wird. Um nicht nass zu werden, holte er einen Schirm. Seine Handlung folgte also dieser Grundannahme. Eine Handlung, die konsequent einer Grundannahme folgt, wollen wir als logische Handlung betrachten, unabhängig davon, ob das Ergebnis sinnvoll ist oder nicht.

Jede einzelne unserer Lebensäußerungen – Handlungen, Gedanken und Gefühle – basiert auf einer Grundannahme. Deshalb sind sie auch immer logisch. Und wenn man in einer bestimmten Situation von falschen oder zumindest nicht geeigneten Grundannahmen ausgeht, wird auch das Ergebnis nicht immer sinnvoll, zuweilen sogar schädlich sein. Aber warum gehen wir dann nicht von besseren oder richtigeren Grundannahmen aus, um die negativen Folgen zu vermeiden? Weil wir keine andere Wahl haben. Denn unsere Grundannahme ist die Folge unserer frühen Kindheitserlebnisse, verinnerlichter elterlicher Botschaften und unseres Wertesystems. All diese sind tief in unserem Unterbewusstsein verborgen und verankert und wir nehmen sie nicht bewusst wahr. Unsere Grundannahme ist der Grundstein unserer Persönlichkeit, die Quelle unserer Gefühle, die Basis unserer Gedanken und der Motor unserer Entscheidungen und unseres Handelns. Sie ist die Brille, mit der wir die Welt und uns selbst wahrnehmen. Sie ist die Waage, mit der wir alles messen, das heißt, das Instrument, mit dem wir alles bewerten. Deshalb haben wir in einer gegebenen Situation nicht die Wahl, uns dafür eine passende Grundannahme zu suchen, sondern wir können nicht anders, als aus unserer bestehenden Grundannahme heraus zu fühlen, zu denken und zu handeln und in jeder Situation unserer Grundannahme entsprechend zu reagieren. Da wir zwangsläufig unserer Grundannahme beziehungsweise Grundeinstellung folgen, sind wir auch in all unseren Lebensäußerungen immer logisch. Also nicht die Situationen bestimmen, wie wir reagieren, sondern unsere Grundannahme bestimmt, wie wir den Situationen begegnen.

Je nachdem, wie die Struktur unserer Persönlichkeit – also unsere Grundeinstellung – ist, handeln wir in einer gegebenen Situation eher empathisch, unterstützend, verantwortlich, mutig oder egoistisch, rücksichtslos, leichtsinnig oder ängstlich und passiv oder irgendwie dazwischen, doch auf alle Fälle logisch. Mit anderen Worten: Unsere Persönlichkeit und das daraus resultierende logische Denken führen zwangsläufig in allen Bereichen des Lebens zu Plänen, Entscheidungen und Handlungen, die manchmal unseren bewussten Zielen und Absichten entsprechen und manchmal nicht. Manchmal macht unsere Logik uns glücklich und manchmal unglücklich.

Manchmal schließt unsere Logik Frieden mit dem Schicksal und beschenkt uns mit Gelassenheit. Und manchmal kämpft sie gegen das Schicksal und vergiftet unsere Seele.

All das, was wir erleben, sind die süßen und die bitteren Früchte vom Baum unserer Logik. Dieser besitzt einen mächtigen Stamm, der aus allen Ecken und Winkeln unseres Lebens sichtbar ist. Seine Wurzel ist jedoch unsere Grundeinstellung, und diese ist verborgen in den tiefen Schichten des Unbewussten und Unsichtbaren.

Schauen wir uns hierzu ein Beispiel an, wie die Grundannahme und Logik eines Menschen ihn zu bestimmten Gefühlen, Denk- und Handlungsweisen führen. Die Grundeinstellung eines Mannes, den wir Herr Tal nennen wollen, besteht aus einem geringen Ur- und Selbstvertrauen und einem geringen Selbstwertgefühl. Doch wie gesagt, diese sind ihm als solche gänzlich unbewusst. Eine leise Ahnung, die sein Bewusstsein durchdringt, verdichtet sich in seiner Überzeugung: „Ich bin schüchtern und komme nicht gut an, insbesondere bei Frauen."

Auf einer Party bei einem Freund sieht er eine Frau, die ihm sehr gut gefällt. Er würde sie gerne kennenlernen, denkt aber: „Sie spricht gerade so angeregt mit jemandem; es gehört sich nicht, sie zu stören." Daher ist es logisch, dass er nicht zu ihr hingehen wird. Er denkt weiter: „So eine tolle Frau hat bestimmt auch einen tollen Freund, vielleicht ist sie sogar verheiratet." Weil ihm die Frau aber wirklich sehr gut gefällt, fasst er all seinen Mut zusammen und denkt: „Ich könnte es ja wenigstens probieren und sie ganz nett ansprechen." Dann kommt ihm der Gedanke: „Und was ist, wenn sie sich belästigt fühlt und sich bei meinem Freund, dem Gastgeber, über mich beschwert?" Logisch, dass er dieses Risiko nicht eingeht. Was ist die Folge dieser langen Kette von Gedanken und deren logischen Schlussfolgerungen? Ein logisches Handeln: Er macht nichts. Er versucht nicht einmal, diese Frau anzusprechen. Vollkommen logisch.

Mit seiner Grundeinstellung, die durch zu viel Selbstablehnung geprägt ist, gestaltet Herr Tal sein Denken, Fühlen und Handeln so, dass sie logisch und zwangsläufig seiner selbstablehnenden Grundeinstellung folgen.

Herr Tal hat aber schon seit eh und je nach dem obigen Muster gehandelt – also hat er darin Routine. Mit unseren Grundeinstellungen und den daraus resultierenden Routinen gestalten wir jede Situation, kontinuierlich, von Augenblick zu Augenblick logisch. Routinen bedeuten Verhaltensmuster, die automatisch ablaufen, ohne dass wir sie bemerken. Und was wir nicht bemerken, können wir auch nicht beeinflussen.

Wo ist aber die Verbindung zwischen dem logischen Denken und der Kunst, eine Beziehung in den Sand zu setzen? Oder anders gesagt: Wie helfen uns diese Erkenntnisse dabei, aus unserer Partnerschaft eine erfüllende und harmonische Beziehung zu machen? Dazu lauschen wir einem Dialog zwischen jemandem, der sich seit längerer Zeit mit unbewussten Prozessen, Einstellungen, logischem Denken und so weiter beschäftigt, und jemandem, der sich über diese Dinge noch nie Gedanken gemacht hat.

„Wo liegen die Ursachen deiner Beziehungsprobleme?"

„Ich habe wirklich lange darüber nachgedacht und merke allmählich, dass ich wohl irgendwie selbst die Ursache des Problems sein muss. Und ‚ich selbst' heißt ja nichts anderes, als dass meine Grundeinstellung die Ursache des Problems ist."

„Und wie gehst du damit um?"

„Du wirst lachen: logisch, sehr logisch."

„Hilft dir das?"

„Nein."

„Warum nicht?"

„Weil meine Gefühle nicht nur sehr stark sind, sondern mir auch immer noch sehr logisch erscheinen und ich immer noch nach ihnen handele."

„Heißt das, du musst ab jetzt unlogisch handeln, um deine Probleme zu lösen?"

„Nein, das geht nicht. Man kann nicht nicht-logisch denken und handeln. Aber anstatt weiter so zu fühlen und zu handeln wie bisher, frage ich mich: Wieso fühle ich so? Was habe ich denn für eine Einstellung, die solche Gefühle in mir erzeugt? Also werde ich meinen Gefühlen jetzt nicht mehr blind folgen, sondern nach ihrer Ursache fragen. Und ich weiß, dass dies der einzige Weg ist, um mir meine Einstellung bewusst zu machen und sie zu verbessern. So kann ich meine gewohnten Verhaltensmuster, meine starren Überzeugungen als solche erkennen und sie durch realistischere, weitsichtigere und besonnenere ersetzen."

„Das hört sich gut an, aber wenn du eine destruktive Einstellung ändern willst, brauchst du eine bessere Einstellung. Woher aber nimmst du diese?"

„Allein die Tatsache, dass ich jetzt weiß, dass weder meine Partnerin noch die Umstände, sondern meine Einstellung die Ursache meiner Probleme ist, heißt: Ich habe den ersten Schritt getan. Und das ist der Beginn einer besseren Einstellung."

„Und was ist der nächste Schritt? Denn du leidest ja immer noch unter deinen Beziehungsproblemen."

„Ja, bisher noch. Aber ich bleibe wach und neugierig. Ich bleibe meiner Einstellung auf der Spur. Allmählich erkenne ich auch den Zusammenhang zwischen meinem wunden Punkt und meinem Beziehungsproblem."

„Und ist das die Lösung? Hilft dir das?"

„Ja. Ich merke es ganz deutlich daran, dass das, was ich als Beziehungsproblem empfand, allmählich an Vehemenz ver- liert. Und das wiederum merke ich daran, dass mein Schmerz und mein Leiden immer weniger werden und sich Ruhe in mir ausbreitet. Gerade dieser Schmerz und dieses Leiden waren für mich ein Warnzeichen, das mir immer wieder gezeigt hat, dass ich noch nicht am Ziel angekommen bin."

„Unter uns: Muss man wirklich immer erst leiden, um zu wach- sen?"

„Ob man immer leiden muss, weiß ich nicht. Doch wenn man wachsen will, schöpft man aus dem Leiden oft die nötige Kraft. Und das Entdecken der Logik hinter dem Leiden unter einem Beziehungsproblem ist immer eine Chance. Denn je bedrängender und beängstigender ein Gefühl wird, desto größer ist die Möglichkeit, sich selbst zu erfahren."[9]

„Und was wäre der letzte Schritt?"

„Die Mauer, die ich durch meine Einstellung zwischen mir und meiner Partnerin geschaffen habe, niederzureißen und mit mehr Hingabe auf sie zuzugehen."

Zusammengefasst:

Wie vielfältig die Probleme, Konflikte und Belastungen in unseren Beziehungen auch sein mögen, wir begegnen allen mit unserer Logik. Und dadurch sind wir uns alle ziemlich ähnlich. Ist die Basis unserer Logik eine konstruktive Einstellung, so führt unser logisches Handeln in der Regel zu einem befriedigenden Ergebnis. Ist die Einstellung dagegen destruktiv, so werden auch die Folgen meist destruktiv sein. Warum folgen wir also immer unserer Logik, anstatt auch einmal auf die ihr zugrunde liegende Einstellung zu schauen? Weil unsere Einstellung ein integraler Bestandteil unserer Persönlichkeit ist – und wir können unserer Persönlichkeit nicht widersprechen. Ganz im Gegenteil: Mit allem, was wir tun oder lassen, bestätigen wir sogar unsere Einstellung und erhalten sie aufrecht. Dennoch haben wir die Fähigkeit zu reflektieren und unsere Einstellung infrage zu stellen. Wir können und sollen auch nicht unsere ganze Persönlichkeit ändern, sondern nur einen Teil davon, eben unsere negative Einstellung.

Die „Unmöglichkeit, nicht logisch zu denken", wirft neues Licht auf viele Themen, die wir in den vorigen Kapiteln behandelt haben. Zum Beispiel sagen wir „Es" und damit sehen wir in den Ereignissen selbst die Ursache unserer Empfindung und übersehen möglicherweise unseren Beitrag dazu. Oder wir begründen unsere Hoffnungen so nachhaltig, dass wir sie selbst dann aufrechterhalten, wenn sie nicht realistisch sind. Auch wenn wir uns verletzt fühlen, denken wir selten daran, dass unsere Verletztheit vielleicht von der Berührung des Sonnenbrandes auf unserer Seele herrührt. Von besonderer Bedeutung ist jedoch, dass die Unvermeidbarkeit, logisch zu denken, und der Drang, recht zu behalten, im Kern identisch sind. Denn die Vehemenz, mit der wir unsere Probleme, insbesondere unsere Beziehungsprobleme, ausfechten oder mit voller Überzeugung ein Ziel anstreben, ist oft nichts anderes als eine unbewusste Verteidigung, Aufrechterhaltung und Fortsetzung unseres Selbst- und Weltbildes, unserer Individualität und Identität, also unserer Grundeinstellung und Persönlichkeit.

In einem Satz: Unsere Grundeinstellung bestimmt die Richtung, das Ziel und den Weg; unsere Logik ist nur die Art und Weise, wie wir diesen Weg gehen.

16.
Der Mensch als Schöpfer
der Realität?

Einige wichtige Schritte auf dem Weg, unsere Beziehungen harmonisch zu gestalten, sind bereits in den vorigen Kapiteln besprochen worden. Besonders wichtige Aspekte aus diesen Kapiteln werden nun zusammengefasst, um aus ihrem inneren Zusammenhang den ultimativ wichtigsten Beitrag herauszukristallisieren, den wir selbst in einer Beziehung leisten können. Wie gewohnt fangen wir mit einem Beispiel an.

Zwei Freunde sind abends zum Tanzen ausgegangen. Nach einiger Zeit äußert der eine: „Ich verstehe das nicht. Du hast jetzt zum dritten Mal eine Frau zum Tanzen aufgefordert, die übergewichtig, nicht besonders attraktiv und behäbig ist." Darauf antwortet der andere: „Du hast eben keinen Geschmack. Sie ist schön, wohl proportioniert und sanft!"

Nun, welcher der beiden Freunde hat recht? Sowohl keiner als auch beide. In Wirklichkeit und objektiv betrachtet, ist jene Frau weder schön, wohlproportioniert und sanft noch unattraktiv, behäbig und übergewichtig. Also hat keiner der beiden Freunde recht. Subjektiv urteilt jedoch jeder nach seinem eigenen Geschmack und nach dem, was seinem eigenen Empfinden nach Realität ist. Also haben auch beide recht.

Was aber haben solche einfachen situativen Urteile und Empfindungen mit solch komplexen Dingen wie der Gestaltung von Beziehungen zu tun? Sehr viel. So wie ein Tröpfchen Blut, von welcher Stelle unseres Körpers auch immer es entnommen wird, sehr viel über die Befindlichkeit unseres ganzen Körpers aussagt, so sagt die Bewertung eines Augenblickes oder ein Urteil von uns, worüber auch immer, sehr viel über unsere Persönlichkeit aus – also auch darüber, wie wir unsere Beziehungen gestalten. Das sind Gedanken, die uns bereits aus früheren Kapiteln vertraut sind.

Erinnern wir uns an Herrn Tal: Sowohl sein Geschmack, eine bestimmte Frau anziehend zu finden, als auch seine Unsicherheit, sie anzusprechen, sind die Blüten und die Dornen seiner Persönlichkeit. Er registriert zwar seinen Geschmack, weiß aber nicht, warum er diesen Geschmack hat und warum er schüchtern reagiert, weil beide, sowohl sein Empfinden als auch sein Handeln, unbewusst bestimmt werden.

Unser Kontakt zur Außenwelt entsteht dadurch, dass wir sehen, hören, schmecken und tasten. All diese Signale werden in unserem Gehirn bewertet – und durch diese Bewertung nehmen wir sie erst wahr. Also ist unsere Wahrnehmung gleichzeitig unsere Bewertung und unsere Bewertung ist gleichzeitig unsere Wahrnehmung. Insofern gibt unsere Wahrnehmung nicht die objektive Realität wieder, sondern die Realität, die unsere Bewertung daraus macht.[10] Da unsere Bewertung das Maß aller Dinge und der Schöpfer der Welt ist, in der wir fühlen und handeln, schauen wir uns die Bewertung und vor allem ihre Entstehung näher an.

Eine Bewertung ist immer ein Vergleich mit einem „Maßstab" – so wie die Menge einer Flüssigkeit erst im Vergleich mit dem Maßstab „Liter" und die Länge einer Strecke im Vergleich mit der Einheit „Meter" bestimmt werden können. Die Summe all unserer Maßstäbe nennen wir Persönlichkeit oder, wie im vorigen Kapitel besprochen, Grundeinstellung. Demzufolge ist unsere Grundeinstellung der Maßstab, der unserem Geschmack, unseren Erlebnissen, Urteilen, Entscheidungen und so weiter zugrunde liegt. Also sind wir selbst der Schöpfer unserer Erlebnisse. Jeder von uns erzeugt in jeder Situation und in jedem Augenblick seine eigene Realität. Ganz nach dem Motto: „Ereignisse macht die Welt, Erlebnisse machen wir selbst daraus."[11]

Zum Beispiel erfährt eine junge Frau, die nie Kinder haben wollte, dass sie schwanger ist. Plötzlich ist jede Zeitschrift voller Artikel über Krankheiten, Ernährung und Erziehung von Kindern; in jeder Straßenbahn und jedem Bus trifft sie schwangere Frauen und auf der Straße sieht sie ständig Frauen mit Kinderwagen. Kurzum: Die Welt ist jetzt zwar genauso, wie sie auch vorher war, aber indem sich etwas in dieser Frau geändert hat, hat sich für sie auch die Welt geändert. Ihre Schwangerschaft hat in ihrer Wahrnehmung ein neues Fenster geöffnet, durch welches sie plötzlich Dinge sieht, die mit Kinderkriegen zusammenhängen.

Dieses Beispiel zeigt, dass das, was wir von der Welt aufnehmen, ein Ab-Bild der Welt durch unseren Geist ist. Der Fachbegriff dafür lautet „selektive Wahrnehmung". Auf den Punkt gebracht bedeutet das: Wir sehen die Welt so, wie wir sind, und so, wie wir die Welt sehen, so sind wir. Das Weltbild entspringt aus der Quelle des Selbstbildes. Das, was sich in uns regt, bestimmt die Bedeutsamkeit dessen, was draußen um uns herum passiert.

Da wir der Schöpfer unserer Erlebnisse sind, ist auch das, was wir an unserem Partner und an unserer Partnerschaft als Bereicherung und Freude beziehungsweise als Belastung und Störung empfinden, unsere eigene Wahrheit und Realität und nicht zwingend der Beitrag unseres Partners. In diesem Sinne ist, wie bereits in den Kapiteln „Der Sonnenbrand auf der Seele" und „Was ist überhaupt eine Beziehung?" angesprochen wurde, ein „Beziehungsproblem" nicht objektiv und ein Fakt, sondern im Kern unser subjektives Erleben und ein Produkt unserer Bewertung.

Dies gilt natürlich insbesondere für Ereignisse mit nachhaltigen Folgen. Wir schauen uns dazu an, wie ein und dasselbe Ereignis von zwei verschiedenen Menschen zu ganz verschiedenen „Realitäten" gemacht wird. Es geht um zwei Ehemänner, die wir Herr Beziehung und Herr Bindung nennen wollen.

Herr Beziehung äußert: „Nach der Entbindung meiner Frau hat sich viel verändert. Meine Frau war nicht mehr so aufregend wie die Frau, in die ich mich verliebt hatte. Sie hat sich nur noch mit dem Kind beschäftigt, als gebe es nichts anderes mehr im Leben. Ich kam mir derart vernachlässigt vor wie ein fünftes Rad am Wagen. So entstand ein Abstand in mir, der langsam wuchs; sie wurde wie eine Fremde für mich. Ich empfand nichts mehr für sie und nichts hielt uns mehr zusammen. Folgerichtig habe ich mich von ihr getrennt."

Herr Bindung beschreibt es so: „Nach der Geburt unseres Kindes hat sich einiges verändert. Ich finde meine Frau zwar noch genauso aufregend wie eh und je, doch ist sie jetzt noch lebendiger. Dadurch, dass sie sich so liebevoll um unser Baby kümmert, hat sie zwar weniger Zeit für mich, aber wir erleben unser Zusammensein sehr intensiv. Ich habe das Gefühl, dass der edle Wein unserer Ehe durch unser Kind noch an Würze gewonnen hat."

Nicht nur solche komplexen und anhaltenden Prozesse, sondern auch schon der Hauch eines Ereignisses, zum Beispiel nur ein Blick, kann durch unsere Bewertung zu einem Erlebnis von vehementer Bedeutung werden. Schauen wir uns dazu solch ein Ereignis an: Susanne isst gerade und der Blick ihres Partners fällt auf ihren Löffel. Dieses belanglose Etwas, dieser einzige Blick, führt zu einer Lawine von Gefühlen und Gedanken in ihr. Sie ist davon überzeugt, dass ihr Partner denkt, sie esse zu viel, obwohl er nie derartige Bemerkungen gemacht hat. Die logischen Folgen ihrer Bewertungen und Gedanken sind: Aus dem absichtslosen Blick ihres Partners wird ein empfundener Vorwurf – „Du bist zu dick!" – aus dem Vorwurf eine empfundene Beleidigung – „Du bist unansehnlich!" – und schließlich entsteht in ihr das Gefühl einer Ablehnung ihrer Person und eine Verletzung ihrer Seele. Das Entscheidende ist, dass all das ihre eigene Bewertung, ihre eigene Wahrnehmung, ihre eigene logische Gedankenkette und ihr eigenes Urteil über den Augenblick ist: Weil sie selbst mit ihrem Gewicht nicht einverstanden ist, weil sie routinemäßig an sich selbst zweifelt, ist sie auch in diesem Punkt verletzbar. Mit anderen Worten: Der Blick ihres Partners war nur eine Berührung ihres wunden Punktes, aber durch ihren inneren Dialog, das heißt, ihre logische Gedankenkette, macht sie ihren Partner für ihre negativen Gefühle verantwortlich und reagiert entsprechend.

Diese sehr häufige und vertraute Art, auf empfundene Verletzungen zu reagieren, können wir formelhaft so zusammenfassen: Mit unserem inneren Dialog gestalten wir den äußeren Dialog. Und mit diesem „Fehlgriff" schränken wir uns unbewusst ein, denn jede empfundene Realität ist eine Einschränkung der Möglichkeiten.

Was wäre also die Rettung? Der allererste Schritt dafür ist, sich die Glieder dieser langen Kette aus Grundeinstellung, Urteilen und Bewertungen bewusst zu machen und so lange bei der Bewusstmachung zu bleiben, bis zum Beispiel die Erkenntnis kommt: „Das Übel liegt nicht in dem Blick meines Partners, sondern in meiner Unsicherheit und meinem Selbstzweifel wegen meines Gewichtes." Und was wäre dann der zweite Schritt? Der zweite Schritt ist das höchste Ziel: Du nimmst dich an, so wie du bist. Du lernst, zwischen deinen Gefühlen und Verhaltensweisen, die Produkte deiner Bewertung sind, und dir selbst als Mensch, der *per se* gut ist, zu unterscheiden. Für Susanne

hieße das: Sie sagt Ja zu sich, trotz ihres Gewichtes. Sollte es jemals aus medizinischen Gründen notwendig sein abzunehmen, dann sollte sie es auch tun – aber nicht, um gut zu sein. Denn sie ist gut, wie sie ist.

Wenn wir all die obigen Beispiele und Überlegungen zusammenfassen, kommen wir zu dem Ergebnis, dass unsere Persönlichkeit und kein Ereignis, auch wenn es uns noch so dominant und entscheidend erscheint, die Bremse oder der Motor einer Beziehung sein kann. Es gibt sozusagen einen Teil unserer Persönlichkeit, der uns selbst und die Beziehung belastet, während ein anderer Teil uns aufbauen und die Beziehung harmonisch gestalten kann. Die Entfaltung der positiven Aspekte unserer Persönlichkeit hängt gerade davon ab, dass wir uns diese Zusammenhänge bewusst machen.

In Kürze beschrieben:

Die Etappen, die nach einem Ereignis bis zu unserer Reaktion darauf in uns ablaufen, können wir uns aufgrund ihres inneren Zusammenhangs als Glieder einer Kette vorstellen. Ein Ereignis wird von uns immer, unvermeidbar und unmittelbar bewertet. Die Bewertung machen wir aufgrund unserer Maßstäbe, und zwar unbewusst, logisch, routinemäßig und passend zu unserer Grundeinstellung. So entsteht unsere Wahrnehmung, die gleichzeitig und untrennbar unser Erlebnis ist. Und das letzte Glied dieser Kette ist unsere Reaktion, die in unserem Fühlen, Denken und Handeln ihren Ausdruck findet. Wenn uns zum

Beispiel ein Mensch oder eine Sache wütend macht, denken wir oft keine Sekunde daran, dass nicht dieser Mensch oder diese Sache, sondern wir selbst der Schöpfer unserer Wut sind. Die von uns geschaffene Realität sieht in diesem Menschen die Ursache der Wut und das können wir, wie wir wissen, lückenlos und logisch begründen. Die Wahrheit ist aber, dass unsere bewusste Begründung lediglich eine unbewusste Aufrechterhaltung und Verteidigung unserer Grundeinstellung ist. Wir erinnern uns: Es ist „unmöglich, nicht logisch zu denken".

Diese Zusammenhänge machen deutlich, wie gefährlich es sein kann, wenn wir unserer Logik, also unserer Überzeugung, blind und vehement folgen. Denn in jedem Augenblick läuft die lange Kette der Prozesse, die wir gerade erwähnt haben, unbewusst ab. Folgerichtig gilt: Je bewusster wir uns diese Schritte machen, umso mehr können wir auf unser Erleben und dadurch auch auf die Entwicklung unserer Beziehung Einfluss nehmen. Das heißt, wir sollten nicht nur die negativen Impulse, die ein Augenblick ausstrahlt, sondern auch das Potential, das er in sich birgt, zu entdecken versuchen. Dabei ist es von höchster Bedeutung, uns bewusst zu machen, dass wir in jedem Augenblick die Möglichkeit dazu haben. Das Erkennen dieser Möglichkeit und der Freiheit zu wählen ist der erste Schritt zur Befreiung aus den Krallen unserer destruktiven Routinen. Und die Befreiung von unseren Routinen ist die Befreiung von der Opferrolle.

Die Botschaft dieses Kapitels kann auch so zusammengefasst werden: Du als Schöpfer deiner Erlebnisse und als Gestalter deines Lebens hast die Möglichkeit, den friedensstiftenden Teil deiner Persönlichkeit freizulegen. Das Potential dazu hast du. Entfalte es und stärke deine Persönlichkeit. Denn Liebe ist so stark wie der Mensch, der liebt.

17.
Die wichtigste Beziehung in meinem Leben

Wir können viele Menschen fragen: „Wer ist der wichtigste Mensch in deinem Leben?", oder auch: „Was ist die wichtigste Beziehung?" Die Antwort lautet in der Regel „mein Kind, mein Lebenspartner, meine Mutter" oder Ähnliches. Diese Antworten sind ernst gemeint und ehrlich, weil sie auch so empfunden werden. Deshalb mag zum Beispiel eine Mutter protestieren, wenn wir sagen würden: „Das stimmt nicht ganz. Du selbst bist der wichtigste Mensch in deinem Leben und deshalb ist auch deine Beziehung zu dir selbst die wichtigste Beziehung." Sie wird wahrscheinlich voller Überzeugung sagen: „Was für ein Unsinn! Ich liebe doch mein Kind mehr als mich selbst und würde alles Erdenkliche für es tun." Sie muss so denken und so antworten, weil ihr nicht bewusst ist, dass erst ihre Beziehung zu sich selbst entscheidet, dass sie so über ihre Beziehung zu ihrem Kind denkt und diese entsprechend gestaltet.

Wie kann es sein, dass unsere Beziehung zu uns selbst, trotz ihrer immensen Bedeutung, uns so unvertraut ist? Und was bedeutet eigentlich Beziehung zu sich selbst – oder kurz Selbstbeziehung? Denn wenn man von einer Beziehung spricht, ist eigentlich immer die Beziehung zu etwas außerhalb der eigenen Person gemeint, wie zum Beispiel „meine Beziehung zu meiner Schwester, zu meinem Chef oder zu meinem Freund". Es geht also immer um zwei Personen, die zueinander in Beziehung stehen. Aber wer ist in meiner Beziehung zu mir selbst die andere Person oder allgemein die Sache, auf die ich mich beziehe? Die beiden folgenden Beispiele sollen das erklären.

Eine schlanke Frau steht nackt in ihrem Badezimmer und betrachtet sich im Wandspiegel. Sie denkt: „Etwas längere Beine wären schon schön, doch leider kann ich daran nichts ändern. Aber an den paar Kilo zu viel, die mich ärgern, schon! Und meine kleinen Brüste! Wie war das noch mit Brustvergrößerungen? Fünftausend Euro. Das kostet mich mindestens zwei Urlaube…" All das, was diese Frau empfindet und denkt, hat etwas mit ihrem Geschmack, ihrem Urteil und ihrer Einstellung zu ihrem Körper und letztlich zu sich selbst zu tun. Hier sieht man nun deutlich die beiden Dinge, die bei Selbstbeziehungen zueinander in Beziehung stehen: Bei dieser Frau sind es ihr Körper – und ihre Einstellung dazu.

Nun das zweite Beispiel: Ein sehr in seinem Job engagierter Mann arbeitet mehr als nötig und bekommt entsprechend Lob und Anerkennung. Aber das genügt ihm nicht. Er selbst ist mit seiner Leistung nicht zufrieden, er fühlt sich nicht kompetent genug und versucht ewig, seinem perfektionistischen Anspruch gerecht zu werden. Er selbst ist sozusagen sein schlimmster Konkurrent und sein eigener Sklaventreiber. Auch hier gibt es eine Beziehung zwischen zwei Dingen: Das eine ist die Leistung dieses Mannes und das andere ist seine Einstellung, sein Urteil über seine Leistung.

Grundsätzlich haben wir nicht nur zu unserem Körper oder zu unserer Leistung, sondern zu allem, was unser Leben, was uns als Mensch, als Individuum ausmacht, ein Urteil und dadurch eine Beziehung. Zum Beispiel habe ich eine Beziehung zu meinen finanziellen Möglichkeiten, zu meiner Körpergröße, zu meiner Freude am Malen, zu meiner Lust auf Erotik und so weiter. All das will ich wagemutig, aber pragmatisch als das bezeichnen, was mein Selbst ausmacht. Dieses Selbst ist als solches gegeben, existent, jedoch ohne die Fähigkeit, über sich selbst zu reflektieren und Entscheidungen zu treffen. Aber mein Ich ist die oberste Instanz, die über die Macht der Entscheidung verfügt und auch entscheidet. Ich habe eine Beziehung zu meinem Selbst, eine Beziehung zu allem, was dieses Selbst hervorbringt, und es ist meine Entscheidung, wie ich mein Selbst bewerte und was ich daraus mache. Zum Beispiel kann ich mein Geld im Kasino verspielen oder damit Hilfsorganisationen unterstützen. Mit meiner Fähigkeit zu malen kann ich schöne Gemälde erschaffen oder davon keinen Gebrauch machen. Genauso kann ich aus meinem Partner die Quelle meiner Freude oder den Sumpf meines Leidens machen. All das sind Beziehungen, die das Ich gestaltet. Ohne das Ich gibt es keine Spenden, kein Gemälde, keine schöne oder belastete Beziehung. Mit anderen Worten: Wir haben ein Bild von uns selbst und beurteilen damit alles, was wir tun und haben. Die Summe all dieser Beurteilungen ist unsere Beziehung zu uns selbst. Entscheidend ist, dass unsere Selbstbeziehung, also unser Selbstbild, der Maßstab dafür ist, wie wir die Welt und das

Leben sehen, beurteilen und erleben. Wie wir mit uns selbst umgehen bestimmt, wie wir mit der Welt umgehen, mit allem, was unser Leben ausmacht. Der Transfer vom Selbstbild zum Weltbild wird uns jedoch nur in einfachen Situationen und nur oberflächlich bewusst.

Wie unser Selbstbild beziehungsweise unsere Grundeinstellung eine Beziehung beeinflusst, wurde unter anderem bereits am Beispiel Eifersucht besprochen: Wir wissen, dass Eifersucht auf einem latenten Selbstzweifel und auf geringer Selbstliebe basiert. Der Eifersüchtige ist von einem inneren „Nein" erfüllt und hat deshalb keinen Platz für ein äußeres „Nein". Wie jeder andere ist auch dieser Mensch der Regisseur aller Rollen, die er spielt – zum Beispiel seine Rolle als Sohn, Autofahrer, Angestellter, Ehemann und Nachbar und so weiter. Jede Rolle trägt den Fingerabdruck des Regisseurs, mit all seinen Stärken und Schwächen. Sein Fingerabdruck auf seinem Selbstbild heißt: ein geringes Selbstwertgefühl, und der auf seiner Beziehung: Eifersucht. Die Qualität der Beziehung zu uns selbst prägt also die Qualität aller anderen Beziehungen in all unseren Rollen und bestimmt, wie wir diese gestalten.

Im Prinzip gilt folglich für alle Menschen und alle Beziehungen in ihrem Leben: Jeder ist der wichtigste Mensch in seinem Leben und die Beziehung zu sich selbst ist die wichtigste Beziehung. Wenn wir uns selbst folgerichtig in das Zentrum unseres Lebens stellen, als Achse, um die sich alles dreht, und uns als absolute Maxime verstehen, müssen wir uns mit den

Folgen und Konsequenzen dieser Sichtweise auseinandersetzen. Wir suchen wieder nicht philosophische, sondern pragmatische Antworten und begnügen uns dafür mit einer Frage: Was ist der Unterschied zwischen sich bejahen, für sich selbst das Wichtigste zu sein, also Selbstliebe einerseits und Egoismus andererseits? Wir werden im Folgenden diese beiden Einstellungen in ihrer extremen Erscheinungsform beschreiben, um den Unterschied klarer herauszukristallisieren.

Selbstliebe und für sich selbst das Wichtigste zu sein haben im Kern gemeinsam, dass man sich bejaht, dass man sich annimmt, wie man ist, mit all seinen Stärken und Schwächen. Ein von Selbstliebe erfüllter Mensch ist frei von Selbstzweifeln. Ein äußeres „Nein" verletzt ihn nicht und er ist auf ein äußeres „Ja" nicht angewiesen. Er ist innerlich frei und diese Freiheit macht ihn empathisch. Er ist groß und hat Platz und Verständnis für andere. Diese Gedanken erinnern an Menschen mit ozeanischen Dimensionen aus dem Kapitel „Wie viel ‚Du' verträgt ein ‚Ich'?".

Egoismus dagegen ist ein Ausdruck geringer Selbstliebe und eines von Selbstzweifeln geplagten Selbstbildes. Egoismus weist auf eine Seele mit einer offenen Wunde hin. Diese offene Wunde lässt keine Berührung zu und das Enge in einem egoistischen Menschen hat keinen Platz für andere. Er geht seinen Weg, ohne zu sehen, worauf er tritt. Und dadurch, dass er andere Menschen verletzt oder ihre Bedürfnisse umgeht, erzeugt er Widerstand. Er erntet, was er sät. Auf diese Weise belastet er seine Beziehungen und dadurch sein eigenes Leben. Hier begegnet uns wieder der Leitgedanke „Das Selbstbild entspricht dem Weltbild": So wie wir unsere Beziehung zu uns selbst gestalten, so gestalten wir auch unsere Beziehung zur Welt.

Wie können wir nun die Erkenntnis, dass wir selbst der wichtigste Mensch in unserem Leben sind, für unsere Beziehung nutzen? In vielen Gesprächen und Auseinandersetzungen, die ich als Therapeut und Coach mit meinen Gesprächspartnern hatte, ging es darum, wie man irgendwelche Beziehungsprobleme lösen kann. Die Quintessenz dieser Sitzungen, die Lichtblicke, die das Herz meiner Gesprächspartner berührt und sie dadurch nachhaltig weitergebracht haben, möchte ich nun ohne Kommentar auch dir mit auf den Weg geben:

Wenn wir uns nehmen, wie wir sind, lernen wir, andere so zu lassen, wie sie sind.

Bewahre deine innere Unabhängigkeit, immer „Nein" sagen zu können, damit dein „Ja" ein ewiges Geschenk bleibt.

Dort, wo wir Selbstzweifel haben, sind wir verletzbar.

Wir bewerten alles, nur nicht unsere eigene Bewertung.

Äußere Hindernisse sind temporär. Was wirklich behindert, ist die innere Mauer.[12]

Kernaussage:

Wenn ich eine friedliche Beziehung möchte, muss ich Frieden mit mir selbst schließen. Wenn ich eine Beziehung suche, zu der ich bedingungslos „Ja" sagen kann, muss ich erst lernen, zu mir selbst „Ja" zu sagen.

18.
Die Kunst, die Beziehung zu sich selbst nicht in den Sand zu setzen

Es gibt keinen Menschen, der vollkommen ist! Dieser Gedanke ist nicht nur selbstverständlich und wahr, er ist auch eine Weiche, eine Gabelung, der Ausgangspunkt zweier Wege.

Den ersten Weg gehen Personen, die denken:

„Ich bin ein Mensch und habe ein Recht auf meine Fehler und mache auch manchmal von diesem Recht Gebrauch."

Und damit sind sie glücklich und leben sehr zufrieden.

Diejenigen, die den zweiten Weg gehen, tragen ihre Unvollkommenheit als schwere Last, gehen zögernd und zaudernd durch ihr Leben und sind unglücklich. Nun wollen wir verstehen, warum wir nicht alle den ersten Weg gehen.

„Ich habe ein Recht auf meine Fehler" ist ein unbestreitbarer Fakt und ein Stückchen Realität. Es hat außerdem etwas Befreiendes und macht Mut zu Entscheidungen und Lust zum Handeln. Warum aber machen wir von unserem Recht nicht Gebrauch? Warum verspüren wir in unserem Fühlen und Denken geradezu den Drang, gegen dieses Prinzip zu handeln? Das heißt nicht, wir sollen uns dazu gedrängt fühlen, einen Fehler nach dem anderen zu machen, weil wir ja ein Recht darauf haben, sondern wir sollen keine Angst davor haben, überhaupt Fehler zu machen. Wir suchen eine Antwort auf diese Fragen.

Was vermutest du: Wann kann man Prüfungsfragen besser beantworten – während der Prüfung oder nach der Prüfung? Du hast vollkommen recht: nach der Prüfung! Aber warum? Weil wir während der Prüfung Angst haben: Angst durchzufallen, schlecht abzuschneiden oder womöglich unserem hohen Anspruch nicht gerecht zu werden. Doch das Leben ist keine Prüfung. Man kann nicht „durchfallen", nicht „sitzenbleiben". Aber warum haben wir trotzdem Angst? Warum hat Angst so viel Macht über uns? Weil wir das Leben als eine Prüfung *empfinden* und damit Tür und Tor für eine Fülle unterschiedlichster Ängste öffnen. Auch wenn es uns nicht bewusst ist: Es ist unsere Wahl, ob wir das Leben als ein Spielfeld betrachten wollen, mit all den bunten Facetten, die ein Spiel mit sich bringt, oder als ein Drama, in dem wir das unglückliche Opfer spielen. Warum aber trifft der eine diese und der andere jene Wahl? Diese Frage haben wir bereits in vielen Kapiteln besprochen, doch weil sie von entscheidender Bedeutung für unser Leben und unsere Partnerschaft ist, wollen wir noch einmal darauf eingehen.

Wir leiten dies mit einem Beispiel ein: Dein Auto ist, sagen wir, 10.000 Euro wert. Das ist der Preis, den der Markt bestimmt. Nun hast du einen Unfall und dein Auto ist nur noch 7.000 Euro wert. Mehr gibt der Markt nicht her. Was ist nun das verbindende Glied zwischen dem Auto, das durch einen Unfall an Wert verliert, und dem Menschen, der Angst vor Prüfungen hat? Die Antwort auf diese Frage, die zugleich die Kernaussage dieses Kapitels ist, ergibt sich aus der folgenden Betrachtung.

Eine Mutter hat eine neunjährige Tochter, süß, hübsch, lebendig und fröhlich. Die Mutter liebt sie über alle Maßen. Dann aber führt ein schwerer Unfall mit Hirnblutungen bei der Tochter zu massiven und bleibenden Schäden. Sie kann nicht mehr so leichtfüßig gehen und so erfrischend sprechen wie vorher. Das Verspielte, Fröhliche, Kesse, Lebendige ist nur noch eine schöne Erinnerung. Was passiert nun aber mit der Liebe der Mutter zu ihrer Tochter? Nichts. Sie liebt ihre Tochter einfach weiter. Die schweren Behinderungen ihrer Tochter haben keinen Einfluss auf ihre Gefühle für sie. Sie liebt den Menschen, der ihre Tochter ist. Ihre Tochter ist für sie keine Ware, deshalb kann sie durch ihre Behinderung nicht an Wert verlieren. Liebe bedeutet „trotzdem" und nicht „weil".

Jetzt hören wir, was uns die destruktive Einstellung, der wir alle mehr oder weniger folgen, sagt: „Das Leben ist eine Prüfung. Du darfst keinen Fehler machen. Pass ja auf, dass dein Marktwert nicht fällt!" Dieses Denkmuster basiert darauf, dass wir uns als Ware sehen und nicht als Mensch. Und als Ware haben wir Angst, auf dem Markt des Lebens als schlechte Ware zu gelten. Erinnern wir uns an die Frau, die ihren Körper ablehnt, und an den Mann, dem seine Leistung nicht genügt. Das sind Denkweisen, die aus Menschen Waren machen.

Das heißt, wir streben manchmal bewusst und direkt, aber oft auch unbewusst und indirekt danach, uns gut darzustellen, um einen höheren Marktwert zu erzielen. Dann ist nicht der Mensch, der wir sind, die Basis unseres Handelns, sondern die Ware, für die wir uns halten. So wird die Ware, die sich auf dem Markt behaupten will, der Motor unseres Treibens, der rote Faden unseres Fühlens, Denkens und Handelns. Dadurch machen wir uns zu unserem eigenen Sklaventreiber auf der zwanghaften Suche nach Akzeptanz, Anerkennung und Bestätigung. Dann empfinden wir das Leben als eine Prüfung mit der ständigen Angst durchzufallen. Wie gut wir auch sein mögen, es entspricht der Realität, dass es auf dem Markt in jedem Bereich und in jeder Lebenssituation immer jede Menge „Konkurrenten" gibt, die noch besser sind. Auf dem Markt zu glänzen ist ein Durst, der nicht löschbar ist, und dieses Karussell kommt nie zum Stillstand. Die Unsicherheit und der Zweifel, nicht gut genug zu sein, sind eine Kampfansage an die Realität. Wie wir wissen, kann man aber nur mit der Realität glücklich werden – so wie eine Rose, die trotz ihrer Dornen zauberhaft ist, und wie ein Schmetterling, der sich nicht schämt, weil er einst ein Wurm war.

Grundsätzlich können wir davon ausgehen: Je mehr wir uns als Ware empfinden, also ein schlechtes Selbstbild haben, umso mehr neigen wir dazu, auch unseren Partner unterschwellig und unbewusst als Ware zu sehen. In einer Partnerschaft, die nach dieser Anschauung gestaltet wird, werden das Äußere, finanzielle Gegebenheiten, Sexualität, sozialer Status und so weiter unweigerlich zur Basis der Beziehung. Mit dieser Einstellung verschmelzen nicht zwei Menschen zu einer Einheit, sondern sie werden, etwas spitzfindig formuliert, zu zwei Händlern, die um den besseren Tauschwert ihrer Ware ringen. Die bittere Wahrheit ist, dass ein Warentausch nicht langfristig das Bedürfnis nach innerer Verbundenheit und Zusammengehörigkeit befriedigt. Die Tatsache, dass Waren grundsätzlich austauschbar sind, verhindert zusätzlich die innere Bereitschaft zu einer verbindlichen, erfüllten und stabilen Beziehung.

Nun wissen wir, dass „die Kunst, die Beziehung zu sich selbst nicht in den Sand zu setzen" identisch ist mit der Kunst, „Ja" zu sich selbst zu sagen, sich nicht als Ware zu empfinden, sondern sich anzunehmen, wie man ist. Das „Ja" zu sich selbst ist der Übergang von der Ware zum Menschen.

Es gibt viele Wege, diesen Übergang zu gestalten. Der naheliegendste, nachhaltigste und ehrlichste ist, sein eigener bester Freund zu werden und sich genauso zu begegnen. Wie aber würde ein guter Freund mit dir umgehen? Ein guter Freund kennt deine Stärken und Schwächen und vielleicht auch deine tiefsten Geheimnisse und nimmt dich so an, wie du bist. Er lehnt dich nicht ab, fordert und erwartet nichts und macht dir keine Schuldgefühle oder versucht, dich emotional zu erpressen. Seine Kritik richtet sich nie gegen dich als Person, sondern gegen etwas, das du tust, mit der Absicht, es dir bewusst zu machen. Seine Kritik ist nur ein Angebot und kein Vorwurf. Für ihn ist es selbstverständlich, dass du ein Recht auf deine Fehler hast, und deshalb hat er Verständnis dafür, wenn du manchmal davon Gebrauch machst, denn er weiß, es ist nie deine Absicht. Er liebt dich trotzdem, weil du für ihn keine Ware bist. Ein guter Freund kennt deinen wunden Punkt, den Sonnenbrand auf der Haut deiner Seele, und seine Liebe zu dir ist der heilsamste Balsam dagegen. Er ist für dich da ohne Zeitdruck. Er ist geduldig, auch wenn du dich bei diesem oder jenem schwertust, und er hilft dir dabei. Er hat Vertrauen in deine Fähigkeiten und sieht deine Möglichkeiten, denn dieses Vertrauen vermittelt Kraft zum Handeln – unabhängig davon, wie das Ergebnis auch sein wird. Ein guter Freund hält sich an Vereinbarungen und auf ihn ist Verlass. Er macht dir des Öfteren auch ein Geschenk, eine Freude. Und zu guter Letzt: Konflikte, die zwischen Freunden unvermeidbar auftauchen, enden immer in befriedigender Übereinstimmung. Das Schönste ist, dass ein guter Freund all dies nicht aus Pflichtgefühl tut, sondern aus Liebe, Lust und Freude.

Leitgedanke:

Werde dein Freund. Denn nur so kannst du auch ein Freund für einen anderen sein. Das ist die beste und stabilste Basis für eine harmonische Beziehung.

19.
MEINE GOLDMINE

Entweder glaubst du an Gott oder nicht. Wenn du an Gott glaubst, heißt das, dass Gott einem Stück Erde seinen Atem eingehaucht hat, und daraus ist der Mensch entstanden. Also ist deine Herkunft etwas Göttliches. Wenn du nicht an Gott glaubst, dann ist die Natur, die Evolution dein Baumeister. Diese alles umfassende Natur mit ihren universal gültigen Gesetzen und Weisheiten hat Milliarden von Jahren gebraucht, um eine Zelle entstehen zu lassen, und weitere Abermillionen Jahre, um Schmetterlinge und Affen hervorzubringen. Und nach einer weiteren langen Zeit der Entwicklung bist du als Krone der Schöpfung entstanden.

Du siehst, unabhängig davon, was auch immer du glaubst, aus welcher Quelle du entsprungen bist: Deine Basis ist ein Hauch Gottes oder die Weisheit der Natur. Das ist der Stoff deines Leibes, der Horizont deines Geistes und die Tiefe deiner Seele. Das ist die unermessliche Goldmine, auf der du sitzt, der Reichtum, den du von Gott oder der Natur geerbt hast. Das ist die kosmische Quelle, die auch in deinen Adern fließt.

Wie kann es nun sein, dass du so reich bist und doch manchmal hungerst? Hungerst nach Sicherheit, Anerkennung, Rechtbehalten? Wie kann es sein, dass du die Quelle der Schöpfung in dir trägst und dennoch manchmal Angst hast, ohne andere zu verdursten, und fürchtest, dem Schicksal nicht gewachsen zu sein? Weil du manchmal vergisst, dass du auf deiner Goldmine sitzt, und deshalb auch vergisst, aus ihr zu schöpfen.

Also bohre, bohre durch den Granit deiner Routine, bohre bis zum Grundwasser deiner göttlichen Quelle, schaue hinter deine Überzeugungen, befreie dich von deinem gedanklichen Gefängnis. Hab Vertrauen zu dir und sag „Ja" zu dir. Damit hast du nicht nur die beste Basis für jede Beziehung, sondern auch einen fruchtbaren Boden für den Baum deines Lebens – einen Baum, der in jedem Klima und zu jeder Jahreszeit süße Früchte trägt.

Vergiss nie: Du bist das Beste, was dir passieren kann.

20.
Der verborgene Schatz
in meiner Beziehung

Die Gedanken in diesem Kapitel gehen über die Anregungen
für eine harmonische Gestaltung von Beziehungen im alltäglichen Sinne hinaus. Für Menschen, die jedoch ein leises Echo
der Mystik in sich spüren, wollen die folgenden Worte diesem
Echo Worte verleihen.

Zu allen Zeiten, in allen Kulturen und in allen Ecken der Erde
haben sich Menschen einen Begleiter, einen Partner, ein Gegen-
stück gewünscht. Doch auch Paare haben nicht isoliert gelebt,
sondern ebenfalls die Gemeinschaft einer Gruppe gesucht.
Über dieses Phänomen sagen einige: „Der Mensch ist ein Herdentier" und andere: „Das Individuum sucht im Kollektiv seine
Bestimmung." Aber was sucht der Mensch eigentlich? Und
warum dieses Suchen?

Diese Frage kann auf verschiedenen Ebenen beantwortet werden, die sich über ein breites Spektrum erstrecken. Um dieses
breite Spektrum des Suchens zu veranschaulichen, ist folgendes
Gedankenexperiment hilfreich.

Eine Schildkröte vergräbt ihre Eier im Sand und kehrt zurück
ins Meer. Die zarten kleinen Schildkröten, die aus den Eiern
schlüpfen, müssen sich selbst aus der Sandgrube befreien, zum

Meer krabbeln, hinausschwimmen, Beute machen und überleben. Das heißt, eine Schildkröte ist ab dem ersten Augenblick, in dem sie das Licht der Welt erblickt, in der Lage, ohne andere Artgenossen ihr Leben zu meistern.

Was passiert aber, wenn wir genau das tun, was die Schildkrötenmütter machen? Wenn wir ein neugeborenes Baby einfach irgendwo liegen lassen? Es stirbt. Also braucht ein Mensch grundsätzlich andere Menschen, um überhaupt physisch zu überleben. Heute sind wir jedoch in der Lage, ein Neugeborenes mit irgendwelchen Schläuchen und Instrumenten gänzlich ohne menschliche Kontakte am Leben zu erhalten. Doch aus diesem Wesen wird nie ein Mensch im üblichen Sinne, weil ihm das Spezifische, was ein Lebewesen zum Menschen macht, nicht gegeben wird. Das Neugeborene trägt zwar das ganze evolutionäre Konzept wie Instinkte und Triebe und individuelle Gene in sich – wie jedes andere Lebewesen auch –, doch über das bloße körperliche Überleben und instinktive Funktionieren hinaus braucht der Mensch emotionale, kognitive und soziale Muster. Erst durch die Verschmelzung dieser kollektiven Prägung mit einer individuellen Färbung wird er zu einem menschlichen Lebewesen.

Vor diesem Hintergrund lautet die erste Antwort auf die obige Frage, warum der Mensch den Kontakt zu anderen Menschen braucht und sucht: weil er andere braucht, um selbst Mensch zu werden und um sein Mensch-Sein zu entfalten. Die menschlichen Bedürfnisse sind jedoch vielschichtig, weshalb er zur

Befriedigung verschiedener Arten von Bedürfnissen entsprechend verschiedene Beziehungen eingehen muss. Wir wissen aus dem Kapitel „Was ist eigentlich eine Beziehung?", dass Beziehungen auf der gegenseitigen Befriedigung der Bedürfnisse oder der Hoffnung auf ihre Befriedigung basieren. Zu diesen Bedürfnissen gehören unter anderem die Organisation des Alltags, Sexualität, Kinderwunsch, Vermeidung von Einsamkeit, Hingabe, Verbundenheit und Unterstützung in schweren Zeiten, Geborgenheit im Alter. Das ist das Konzept für die überwiegende Mehrheit aller Beziehungen.

Der Raum zwischen zwei Menschen wird jedoch sehr unterschiedlich gefühlt und gefüllt. Für die einen ist dieser Raum eine Abstellkammer für ihren Alltagskram und ein Ort des Forderns, für das Austoben ihrer Gefühle, die Befriedigung ihrer Bedürfnisse und die Herrschaft ihres Ego. Für die anderen bedeutet er, sich zu fügen, sich anzupassen, ihre scharfen Kanten zu verlieren, denn sie können nur in Harmonie mit anderen funktionieren. Es scheint, als würden wir die Geschichte, mit der wir das Buch begonnen haben und in welcher der Suchende an der Tür seiner Geliebten klopft, jetzt mit anderen Worten erzählen. Denn die Fordernden scheinen diejenigen zu sein, welche die Antwort geben: „Ich bin da!", und die sich Fügenden diejenigen, die sagen: „Du bist da."

Aber wer sind jene, die antworten: „Wir sind da?" Das sind diejenigen, für die der Raum ihrer Beziehung breiter und tiefer ist: Für sie ist eine Beziehung ein Spiegel, ein Sich-selbst-Begegnen, der Raum für den eigenen Reifeprozess und der Tiegel, in dem das „Ich" und das „Du" zu einem „Wir" verschmelzen. Doch ich habe eine Ahnung von einem anderen „Wir". Ich weiß, dass eine Beziehung noch unermesslich viel mehr Potential hat; sie hat eine weite Dimension, die zu dem Höchsten gehört, was ein Mensch erreichen kann. Die Dynamik einer Beziehung, die Freude, der Schmerz, die Enttäuschung, die Berührung des Sonnenbrandes, das Fliegen und Fallen, das Erleben der eigenen Grenze und Begrenztheit und die Sehnsucht, diese zu überwinden, sind das vitalste Sprungbrett, um das Höchste, die größtmögliche Ganzheit zu erreichen: eine Einheit, eine Ganzheit von kosmischer Dimension, ein Horizont der höchsten Ebene des Menschseins.

Woher aber habe ich die Ahnung, dass es ein solches „Wir" gibt? Wie komme ich dazu, solche Gedanken zu hegen? Hier kommt mein Stift zum Stillstand. Etwas bremst meinen Schreibfluss. Denn kosmische Einheit, höchster Horizont des Menschseins sind zu große Worte. Da höre ich wieder mein Physiker-Herz, dem nur das physisch Erfassbare und Messbare vertraut ist, für das kosmische Dimensionen und große Ganzheiten inhaltsleer klingen. Doch da ist auch die Stimme meines mystischen Herzens, das gerade das sucht, was über das Beobachtbare, Funktionale, Vertraute hinausgeht. Der Mystiker strebt nach jenem, wonach der Physiker nicht einmal sucht: eine nicht sinnlich wahrnehmbare Wirklichkeit, aber doch erfahrbar durch ein intuitives Erfassen. Das Klopfen des mystischen Herzens ist die Sehnsucht nach Verzauberung – und Verzauberung braucht keine Argumente. Das Sein und die Realität sind mehr als das, was wir erfassen können. Wenn man trotzdem nur das Fassbare als gültig anerkennt, versteht man zu wenig; man versperrt sich selbst den Weg zu Höherem. Die magische Anziehung des Mystischen überzeugt mein Physiker-Herz. Hier ist der Augenblick, in dem die zuvor getrennten Herzen lernen, im gleichen Rhythmus schlagen zu können und zu einer kosmischen Einheit zu verschmelzen – auch wenn sie manchmal verschiedene Sprachen sprechen. Diesem Herzen, voll brennender Neugierde und Entschlossenheit, genügt es nicht, seine Sehnsüchte auf die Bedürfnisse eines Herdentiers zu reduzieren. Mehr noch: Ihm genügt nicht einmal eine Zweisamkeit in Zufriedenheit und Harmonie. Es sucht nach dem Ursprung und Sinn des Bindungstriebs schlechthin. Es will das menschliche Suchen und seine Sehnsucht in ihrem ganzen Spektrum erfassen. Wir begleiten also dieses Herz, das die Getrenntheit überwunden hat, auf seiner Entdeckungsreise.

Es will das ergründen, was es spürt: Eine Beziehung ist nicht nur die Basis eines harmonischen Zusammenseins im Leben, sondern ein Tor zu etwas, das darüber hinausgeht. Eine Beziehung ist der verborgene Schatz unseres inneren Reichtums, der Aufstieg zu unserer Vollendung. Eine Beziehung ist ein Spiegel, Orakel und ein Sesam-öffne-dich. Sind all diese Impulse und Visionen nur eine Utopie und nur das Echo meines Herzens? – Nein! Das ist die Resonanz all unserer Herzen auf die Schwingungen des Lebens. Das ist unser kollektives Potential, das wir mit unserem Suchen und unserer Sehnsucht entfalten wollen.

Das ist das Echo unserer paradiesischen Einheit, das Relikt jener Zeit, als wir mit der Natur und dem Kosmos verbunden und ein Teil von ihnen waren. Also die Zeit vor dem Ungehorsam, vor der Schuld, vor Adam und Eva, als der Strom des Lebens mit dem Strom der Zeit ins Unendliche floss. Als das Leben pures Sein und ein absichtsloser Fluss war. Dann schlug der Blitz der Schöpfung ein und die Revolution in der Evolution hauchte Geist ins Fleisch. Das war die Metamorphose eines sich selbst nicht bewussten paradiesischen Lebewesens zu einem über sich reflektierenden, vernunftbegabten Lebewesen: der Mensch. Das war die Geburtsstunde von Adam und Eva. Ihnen wurde zwar die Krone der Erkenntnis und der Freiheit der Entscheidung auf das Haupt gesetzt, aber der Thron des Eingebundenseins in die Natur, des Verweilens in der paradiesischen Einheit entzogen. Gerade dadurch, dass dem Menschen bewusst wurde, dass es ihn gibt, wurde ihm auch bewusst, dass es ihn eines Tages nicht mehr geben wird. Das heißt, seine Sterblichkeit wurde ihm bewusst und damit seine Begrenztheit, seine Endlichkeit, seine Ohnmacht. Denn Sterblichkeit stellt den Sinn des Lebens infrage. Wenn das Leben mit dem Tod endet – warum wird man dann überhaupt geboren? Was ist dann der Sinn des Lebens? Und diese Sinnleere ist der Kern und Inbegriff der Sterblichkeit, also des Getrennt- und Isoliertseins. Und das ist die Vertreibung aus dem Paradies.[13] Angst, Neid, Hoffnungslosigkeit, Selbstzweifel, Kränkung, Hass und so weiter sind die Folgen. Kämpfe, Rechtbehalten, Ehrgeiz, Selbstbezogenheit, Ruhm, Macht, Konsum, Genusssucht, Reichtum und vieles mehr sind trügerische Verlockungen, welche die Überwindung der Isoliertheit und der Leere vortäuschen. Die paradiesische Einheit und die kosmische Geborgenheit sind unwiderruflich verloren. Aber noch heute erleben wir in allen Phasen unseres Lebens sowohl die Isoliertheit und das Verlorensein als auch die Suche nach Geborgenheit und die Sehnsucht nach Einheit.

Das Weinen eines Babys, das alleine in seinem Bettchen liegt, ist ein Ausdruck seiner Getrenntheit; das Wohlgefühl, die Geborgenheit in den Armen seiner Mutter ist die erfüllte Sehnsucht nach Einheit. Wenn ein Mann sein Leben in allen Bereichen bestens organisiert, aber doch keine Erfüllung findet, erlebt auch er in seinem individuellen bewussten Unerfülltsein die kollektive und unbewusste Getrenntheit. Doch in den Armen seiner Geliebten, in der orgiastischen Verschmelzung der Leiber und in der Berührung der Seelen fühlt er sich geborgen, aufgehoben und verschmolzen mit der Welt. Das sind die Augenblicke der erfüllten Sehnsucht nach Ganzheit und paradiesischer Einheit. In diesem Zusammenhang spricht man im Alltag, in Beziehungen und in der Literatur nicht von Sehnsucht nach Ganzheit, von paradiesischer Einheit, sondern wir geben diesen Zuständen als Namen das schönste Wort, das wir kennen: Liebe.

Nun, was machen wir mit dem Wissen, dass der Ozean Beziehung sich vom Ufer der alltäglichen Belanglosigkeit bis hin zum Horizont der paradiesischen Verschmelzung erstreckt? Diese Frage ist allgemein gestellt, aber nur du selbst kannst sie für dich beantworten. Es hängt von deinem innerem Verlangen ab, wie weit du in den Ozean hinausschwimmen willst. Es ist deine Zuversicht und dein Selbstvertrauen, die entscheiden, wie weit du dich von dem sicheren Strand deines vertrauten Alltags entfernen willst. Es ist deine Entscheidung und dein Anspruch, was du vom Leben erwartest und welchen Sinn du deinem Leben geben willst. Denn deine Entscheidung bestimmt, wie du dein Leben und vor allem deine Beziehung gestalten wirst. Das heißt, es liegt in deiner Hand und es ist deine Entscheidung, ob es dir genügt, wenn deine Beziehung und dein Leben bloß aus der Bewältigung der alltäglichen Mühsal bestehen. Oder ob du dich nach einem erfüllten Leben und einer harmonischen Beziehung sehnst. Oder ob du deine eigenen Grenzen sprengen willst, nach Höherem greifen und durch und mit deiner Beziehung den erfüllenden, zauberhaften Weg zum höchsten Gipfel antreten willst.

Der Zauber, sich für das Höchste zu entscheiden, liegt darin: Je höher du steigst, umso kleiner erscheint die alltägliche Mühsal und umso bedeutungsloser der tagtägliche Daseinskampf. Aber sie erscheinen nicht nur kleiner und bedeutungsloser, sie werden es auch. Sowohl die alltäglichen Genüsse, Wünsche und Errungenschaften als auch die Hindernisse und Probleme werden zu bloßen Blumen und Kieseln am Rande deines Weges. Es geht also nicht um gut oder schlecht, es geht auch nicht darum, was man anstreben soll. Es geht um deine Entscheidung, wie viel von dem Potential, das in jedem von uns schlummert, du für dich entfalten willst. Gewiss, nicht jeder ist ein Bergsteiger und nicht jeder hat den langen Atem für den höchsten Gipfel. Dennoch lohnt es sich, auf diesem langen Weg zu wandern, denn nach jeder Wegstrecke gibt es einen Aussichtspunkt und einen Ort des Verweilens, der gemütlicher ist als dein jetziges Zuhause.

Nun kehren wir wieder zum Alltag, zu den konkreten Beziehungen zwischen einem „Ich" und einem „Du" zurück. Die orgiastische Verschmelzung, die wir in den Armen unseres Geliebten erleben, die Augenblicke der Verbundenheit, dieses Gefühl, mit etwas außerhalb von uns eins zu werden und eine Einheit zu bilden, sind eine Ahnung von der paradiesischen Verschmelzung. Mögen diese Augenblicke auch schnell vergehen, doch das Tor zu einer bleibenden Einheit, zur Wiedergeburt im Paradies, bleibt immer offen. Dieses Tor ist das „Du".

Aber was ist dieses Du? Wie bereits erwähnt, ist dieses Du etwas von außen, ein Teil der Welt um mich herum, von der ich getrennt bin. Und dieses Du repräsentiert die Welt als etwas außerhalb von mir. Ob ich in meinem Alltag in einer harmonischen Beziehung leben möchte oder ob ich die einstige paradiesische Einheit aus der Ära vor Adam und Eva wiedererlangen will, die in der archaischen Vergangenheit liegt – in beiden Fällen habe ich nur die Möglichkeit, bei dem anzusetzen, was heute existiert und Gültigkeit hat. Und das ist mein jetziges Leben mit meiner Beziehung, mit einem Du an meiner Seite, und dieses Du ist der intensivste Berührungspunkt mit der Welt außerhalb von mir.

Dieses Du ist am Anfang genauso fremd wie die Welt, die es repräsentiert. Doch im Gegensatz zu dieser unverbindlichen Welt ist das Fremde an dem Du zugleich süß und verlockend. Die leibliche Verschmelzung, die seelische Berührung, die Vertrautheit, das Aufgehobensein verbindet. Diese Verbundenheit verzaubert und zieht mich magisch an. So komme ich dem Du näher und dadurch der Welt, die in dem Du schlummert. Deshalb erlebe ich durch die Begegnung mit dem Du zunächst einen Hauch Erfüllung meiner tiefsten Sehnsüchte, aber auch das träge, schwere und trotzige Ego, das bestehen bleiben will. Das Ich empfindet die Ansprüche des Du als Hindernisse, als Zumutungen, weil in ihnen die fordernde und unverbindliche Welt wiederklingt. Das überflutet den engen Raum meines Ego und es rebelliert gegen die unverbindliche Welt, die mir das Du näherbringt. Der Zauber in meiner Verbindung zu dem Du gibt mir jedoch Mut und lässt mich aufhorchen; meine Sehnsucht nach noch mehr Tiefe gibt mir die Kraft und die Möglichkeit, die Barrieren des Du mit meinem Herzen zu sehen.

Hier fängt der bereits erwähnte Prozess der Entscheidung an. Vermitteln wir mit der Frage: „Wer ist da?", dass wir das Du als Bedrohung wahrnehmen und zu beherrschen versuchen oder dass wir in dem Du einen Spiegel sehen, einen Wegweiser, der uns zu unserem Wachstum führt? Denn diese Haltung bestimmt unsere Antwort an das Du: „Ich bin da!", „Du bist da" oder „Wir sind da".

Erst wenn ich nicht mehr in die Enge meines Ego zurückfalle und meine Isoliertheit nicht mehr als Freiheit deute oder sie resigniert beibehalte, habe ich die Möglichkeit, mich bei meinem Selbstmanipulieren zu ertappen und zu erkennen, dass ich in den Hindernissen des Du die Mauer um mich selbst erfahre. Ich erkenne: Es ist die Mauer, die mich von der Welt und von meinem Selbst, meinem mit dem Kosmos verbundenen Ich, trennt. Also muss ich durchlässiger werden, meine Mauern abbauen. Die Gedanken in den verschiedenen Kapiteln dieses Buches sind die Schritte, welche die konkrete Umsetzung dieses mystisch klingenden Prozesses im Alltag unserer Beziehung ermöglichen. Denn die Basis dieser Mauer ist unser wunder Punkt und die Steine dieser Mauer sind Rechtbehalten-Wollen, Schuldzuweisungen, destruktive Hoffnungen und Abhängigkeiten und so weiter. Indem ich die Mauer um mich abbaue, werde ich durchlässiger. Diese Durchlässigkeit minimiert mein Ego zugunsten meiner kosmischen Dimensionen. Durch meine Durchlässigkeit, die ein Stückchen Überwindung des Ich ist, nehme ich ein bisschen von dem Du in mir auf. Das sind die ersten Schritte der Erweiterung meines Alltags-Ich zu einem mit dem Kosmos verbundenen Wesen. Das sind die ersten Berührungen des Lebens mit seiner unendlichen Vielfalt. In diesem Prozess verwerfe ich meine Ich-Bezogenheit, meine Zügellosigkeit, die ich als Freiheit empfand, und mein Klammern, in dem ich Hingabe sah. Mit dieser Wahrnehmung meiner Beziehungen und dem lebendigen Umgang mit dem Du werde ich leichter, reiner und reifer. Aus der zerstörerischen Rebellion eines gehetzten Ego wird ein in sich ruhendes Ich, getragen von der erfüllenden Gewissheit, mit dem Ganzen verbunden zu sein.

Mein „Ist-Zustand", wie ich bin und wie mein Leben ist, also meine Isoliertheit, ist der halbe Kreis, der nach Rundung sucht. Das ist der Bogen des Du, der mit mir einen vollendeten Kreis bildet. Das ist das Rollen des Beziehungsrades auf den ansteigenden Ebenen eines erfüllten Lebens. Das Ziel eines vollkommenen Ich ist ohne den beschwerlichen Weg zu einem Du als Tor zu dem kosmischen Sein nicht denkbar. Das sind die Schätze, die in der Beziehung zum Du verborgen sind, das ist der Raum des Werdens.

Nun ein konkretes Beispiel dafür, wie in einer Beziehung die Selbstauflösung als Wegweiser für den Übergang in eine kosmische Dimension dient. Dschalaladdin Rumi, der persische Mystiker, von dem die Geschichte „Wer klopft denn da an meine Tür?" stammt, war ein Gelehrter der Religionswissenschaft aus dem 13. Jahrhundert.[14] Er lehrte gleichzeitig an mehreren anerkannten Schulen, genoss großes Ansehen und hatte eine beachtliche Anhängerschaft. Um seine immense Bedeutung zu unterstreichen, berichtet man über ihn, dass eine Schar Gelehrter ihm zu Fuß folgte, während er ritt. Doch erst die Begegnung mit Schams-e Tabrizi, einem großen Sufi und Mystiker, war für ihn der Beginn einer inneren Umwandlung. Von ihm lernte Rumi, „wie man Gott auf gefühlvollere, überschwänglichere Art und Weise liebt".[15] Er begann, Tanz und Musizieren in den Gottesdienst einzuführen. Diese äußeren Veränderungen, die allen damaligen religiösen Werten zuwiderliefen, waren jedoch ein Ausdruck seines lebendigeren und erweiterten Einblicks in Glaube, Sinn, Leben und Gott. Die Beziehung zu Schams-e Tabrizi, die ihn zutiefst berührte, riss seine äußere Mauer ein. Erst durch die Überwindung seines Ich, mit den Worten der Sufis „fana"[16], öffnete sich das Tor zum kosmischen Sein. Die Berührung mit Schams als Beginn dieses Prozesses wurde zu einer Berührung seines Herzens, die sein Klopfen eine mystische Melodie lehrte. So wurde aus einem bloßen Gelehrten einer der bedeutendsten Dichter der persischen Sprache und ein großer Mystiker. Diese Beziehungserfahrung machte aus ihm einen Unsterblichen. Das Beispiel soll verdeutlichen, dass eine Beziehung das Tor zu dem Höchsten werden kann, „dass der Mystiker auch *durch ein anderes menschliches Wesen* in Gott aufgehen kann".[17] Was in diesem Beispiel Gott näherzukommen bedeutet, ist für uns das Verschmelzen mit dem Ganzen, das Erreichen einer paradiesischen Einheit und das Verweilen in Liebe.

Mit den Worten des Herzens:

Der Raum zwischen zwei Menschen ist mehr als nur ein Abstellraum. Indem wir die Dinge dort abstellen, die wir weder richtig brauchen noch richtig loswerden wollen, oder Dinge, die notwendig sind, an denen man sich aber nicht ständig stoßen will, machen wir diesen Raum nicht zur Basis unserer Entfaltung, sondern zu unserer Klagemauer. Dabei bietet dieser Raum einen Spielplatz für Geist und Seele, zur spielerischen

Entfaltung, zum Rennen, Fallen und Aufstehen, so oft zu fallen, bis man zu fliegen lernt und im freien Fall des Loslassens die Schwere-Losigkeit erlebt. Wenn ich den Staub, den das Toben meines Ego aufwirbelt, von den Wänden dieses Raumes abwische, sehe ich, dass die Wände dieses Raumes nur Spiegel sind. Ich sehe mein Abbild. Ich sehe in dem Du mich und ich spüre in mir das Du. Das ist der Beginn der Verschmelzung und die Entdeckung der Liebe.

Anmerkungen und Quellen

1 Das Original stammt aus *Masnavi* von Maulana Dschalaladdin Rumi, einem persischen Mystiker aus dem 13. Jahrhundert, und die Übersetzung lautet:

Ein Mann kam zur Tür der Geliebten und klopfte. Eine Stimme fragte:

„Wer ist da?"

„Ich bin es", antwortete er.

Da sagte die Stimme:

„Hier ist nicht genug Platz für mich und dich."

Und die Tür blieb geschlossen.

Nach einem Jahr der Einsamkeit und Entbehrung kam der Mann wieder und klopfte. Von drinnen fragte eine Stimme:

„Wer ist da?"

„Du bist es", sagte der Mann.

Und die Tür wurde geöffnet.

Und die Tür wurde ihm geöffnet.

2 Herrmann Hesse: „Stufen", In: *Das Glasperlenspiel.* Frankfurt: Suhrkamp, 1972. Seite 483.

3 Glatzel, Johann: *Spezielle Psychopathologie.* Stuttgart: Enke, 1981. Seite 105.

4 Fromm, Erich: *Die Kunst des Liebens.* Frankfurt: Ullstein, 1979. Seite 19.

5 Fromm, Erich: *Die Kunst des Liebens.* Frankfurt: Ullstein, 1979. Seite 19.

6 Charifi, Mohsen: *Der sanfte Weg der Poesie – Vom Gefühl zur Heilung.* Oberstdorf: Windpferd, 2014. Seite 60.

7 Schulz von Thun, Friedemann: *Miteinander reden, 1: Störungen und Klärungen.* Reinbek: Rowohlt, 2006. Seite 13-14.

8 Kant, Immanuel: *Kritik der praktischen Vernunft; Grundlegung zur Metaphysik der Sitten.* Frankfurt: Suhrkamp, 2000.

9 Charifi, Mohsen: *Ein Schritt zur Seite.* Mainz: Tiramos, 2009. Seite 20.

10 Hofstätter, Peter: *Psychologie.* Frankfurt: Fischer, 1957. Seite 322.

11 Vergleiche Charifi, Mohsen: *Wer soll siegen? Kopf oder Herz?* Mainz: Tiramos, 2008. Seite 31.

12 All diese Aphorismen stammen aus den folgenden Büchern: Charifi, Mohsen: *Ein Schritt zur Seite.* Mainz: Tiramos, 2009. –

Charifi, Mohsen: *Wer soll siegen? Kopf oder Herz?* Mainz: Tiramos, 2008.

13 Charifi, Mohsen: *Ein Tag mit der Liebe.* Oberstdorf: Windpferd, 2016. Seite 209ff.

14 Haule, John: *Heilige Verzauberung; Archetypen und Stadien der romantischen Liebe.* Interlaken: Ansata, 1991. Seite 13.

15 ebenda.

16 Haule, John: *Heilige Verzauberung.* Seite 20; 22f.

17 Haule, John: *Heilige Verzauberung.* Seite 22f.

Vom gleichen Autor sind folgende Bücher erschienen:

Ein Tag mit der Liebe

Der sanfte Weg der Poesie – vom Gefühl zur Heilung (In diesem Buch ist das frühere Werk *Gesichter einer Liebe* enthalten.)

Ein Schritt zur Seite ist der kürzeste Weg zur Mitte

Wer soll siegen? Kopf oder Herz …

Bis wir das begreifen, was wir schon immer wussten

Gesichter einer Liebe

www.charifi.de